कविताएँ और भी हैं...

कविताएँ और भी हैं...

गुलाब सेन

कल्पज़ पब्लिकेशन्स
दिल्ली–110 052

कविताएँ और भी हैं...

(कविताएँ)

Rs. 100

ISBN: 978-81-7835-126-1

इस प्रकाशन में सभी शब्द लेखक के हैं न कि प्रकाशक के

सन 2002 में प्रकाशित
कल्पज़ पब्लिकेशन्स
सी-30, सत्यवती नगर, फेस-3
अशोक विहार, दिल्ली-110 052
ई-मेल : kalpaz@hotmail.com

अक्षर टंकण : वर्षा ग्रफिक्स, दिल्ली
मुद्रक : मेहरा ऑफसेट प्रेस, नई दिल्ली

विषय सूची

प्राक्कथन

जी हाँ मैं न तो कवि हूँ और न ही रवि हूँ
सोचते विचारते कहीं रोगी न बन जाऊँ
चहकते गुनगुनाते सृष्टि का आनंद लेता जाऊँ
रोग निदान के लिए स्वास्थ्य लाभ के लिए
संवेदना और गतिशीलता के लिए
कुछ आतिशबाजी कर दी है आपसे संवाद के लिए
संवाद और भी होंगें

एक अरब हिंदोस्तानी

एक अरब हिंदोस्तानी, दो अरब हाथ
खोपड़ी दे न साथ इक्कीसवीं सदी के जज्बात, न
मिले दाल न मिले भात बढ़-चढ़ कर करें हमेशा
बात गरीबी से मिले न निजात
बढ़ती आबादी करे उत्पात, खोपड़ी दे न साथ
भ्रष्टाचार और प्रदूषण की बनी औकात
न रहेगी जात न पात
व्यक्तिकरण और विश्वीकरण की बरसात
डूब जाओगे तुम एक साथ
आम्रपाली की न बचेगी बिसात
खोपड़ी दे न साथ सुबह के राग और शाम के साज,
गरीब बेजुबान की कटी आवाज,
अधर्म की राजनीति और जातीयता की ठाठ,
खोपड़ी दे न साथ फूल रही है गंदगी, तुम बैठे हो चुपचाप
एड्स फैलने के बाद क्या करोगे पश्चाताप
रोग निदान, शिक्षा और विज्ञान
मिलें सभी को रोटी, कपड़ा और मकान
तभी बनोगे इंसान और बचेगा ईमान
न्यायपालिका बनी अंधेर कोठरी, कार्यपालिका शैतान
विधायका बनी है संस्कृति की दास्तान
हर रात के बाद है प्रभात तो छोड़िए उल्लु का साथ
एक अरब हिंदोस्तानी दो अरब हाथ
गर खोपड़ी दे साथ, तो मिलाओ हाथ
आगे बढ़ें एक साथ और मिटाएँ यहाँ अंधेरी रात

भीड तंत्र

बदले-बदले से सरकार नजर आते हैं
पुराने अफसर नया माल डकार जाते हैं
चुनावों के दौरान नेता चलते फिरते नजर आते हैं
दूसरों पर छींटाकशी और नये वादे कर जाते हैं
कुछ सत्ता के गलियारों में पहुँच जाते हैं
बाकी जनता में मिल जाते हैं
सत्ता के मोह में फिर डूब जाते हैं
पुरानी अफसरशाही से मिलीभगत में लग जाते हैं
पद और सम्मान के चेहरे बदल जाते हैं
बदले-बदले से सरकार नजर आते हैं
काम बदल जाते हैं आयाम बदल जाते हैं
पुलिस वाले चारों तरफ व्यायाम में लग जाते हैं
ऊपर से शक्तिशाली अंदर से बेबस नजर आते हैं
बदले-बदले से सरकार नजर आते हैं
मानसिकता बदलती नहीं दुनिया से कूच कर जाते हैं
पिछड़ेपन से निदान नहीं छाती पीटते रह जाते हैं
रात बीते, दिन निकले, काम बदल जाते हैं
लोग हमेशा की तरह
रोज की बक-बक में लग जाते हैं
टोपी बदले काठ और ठाठ बदल जाते हैं
बदले-बदले से सरकार नजर आते हैं

फिर भी नेता कहलाए

संस्कृत पढ़ी नहीं, संस्कृति के बने ठेकेदार
साम्यवादी करे पूँजीवाद का विस्तार
धर्म निरपेक्षता का ढोल बजाएँ
अपने स्वार्थ की पोल खुलवाए
फिर भी नेता कहलाए
परिवारवाद को लोकतंत्र की खाल पहनाएं
भाषा, जाति, धर्म, क्षेत्रवाद को उकसाए
फिर भी नेता कहलाए
राजनीति का अपराधीकरण लोकतंत्र का पाखंड
सभ्यता के बने नए मापदंड
उग्रवाद हर रोज फैलाएं, फिर भी नेता कहलाए
परिवार पोषण बढ़ाए, परिवार नियोजन घटाएं
समस्याएं बढ़ती जाए, देश डूबता जाये
फिर भी नेता कहलाए
हर काम हर नौकरी के लिए योग्यता के सिवाय
सिफारिश भी होनी चाहिये जिससे काम चल जाये
पर नेता बनने के लिए
कोई विशेष योग्यता नहीं चाहिये
कर लेते हैं कुछ उपाय
फिर भी नेता कहलाए

भ्रष्टाचार की टट्टी

खाओ पीओ स्वास्थ्य बनाओ
भ्रष्टाचार की टट्टी न खाओ
मनुष्य जीवन को सुअर न बनाओ
धर्म अनुशासन है कर्म शुद्ध बनाओ
योगाःकर्मसु कौशलम् को अपनाओ
मन में शांति, परिवार में शांति बनाओ
प्रदेश में शांति, देश में शांति बनाओ
मानव शांति से संसार में शांति बढ़ाओ
मानव जीवन को सफल बनाओ
काम, क्रोध, मोह, लोभ, अहंकार हटाओ
भ्रष्टाचार की टट्टी न खाओ
ज्ञान-विज्ञान, विकास और समृद्धि
सदाचार के संग बढ़ाओ
पाप त्यागे दुष्कर्म से भागे
धर्म के आलिंगन में सो जाओ
भ्रष्टाचार की टट्टी न खाओ

बहुत सुना तेरा गाना

बहुत सुना तेरा गाना, धर्मनिरपेक्षता का शामियाना
वोट बनाने का बहाना, अकल जिनकी है अफसाना
बहुत सुना तेरा गाना
कहीं ये भी न बन जाये अफसाना
ईंट लाओ गारा लाओ, मंदिर है उनको बनावाना
बहुत सुना तेरा गाना
साड़ी पहनाओ सोनिया लाओ, देश का बनाऐंगे ठिकाना
बहुत बेसुरा है तेरा गाना
राजनीति स्वार्थ सिद्धी की चलाना
कूटनीति सुंदरी को सूरा पिलाना
हीन भावना की जोत जगाना
विदेश नीति पहनें पायजामा
बहुत सुना तेरा गाना
गरीबी और बीमारी को सजाना
देश की व्यथा है डूब जाना
बढ़ती जनसंख्या का पर्यावरण निशाना
देश का धर्म है भ्रष्टाचार बढ़ाना
बहुत सुना तेरा गाना
धोती का बनाओ पायजामा
गांधीवाद को शमशानघाट पहुँचाना
कालिदास को शैक्सपीयर कहना
सांस्कृतिक इतिहास की विडम्बना बढ़ाना

बड़ा बेसुरा है तेरा गाना
कविता जब गाते हो तो वह बन जाती है गाना
स्वर गीत और ताल से संगीत का ढोल बजाना
बड़ा सुंदर होगा वह गाना
कभी सुनाया विदेशी हाथ का हस्तक्षेप
अब सुनते हैं अंतर सीमा आतंकवाद
कुछ न कर पायें तो ढूँढो कोई बहाना
बहुत सुना तेरा गाना
नंगे पूँजीवाद से सुलझती नहीं हमारी समस्यायें
हमारे आधारभूत मानवाधिकारों को घेरे जटिलताएँ
सत्ता की राजनीति ने सिखाया विवाद बढ़ाना
क्योंकि उनकी कल्पना से परे हैं देश को आगे बढ़ाना
कर दिया इन शेखचिल्लियों ने युवा शक्ति का विभाजन
शुरू किया दलगत राजनीति का बाजा बजाना
जिंदगी हमारी भी बन चली है अफसाना
बहुत सुना तेरा गाना

भगवान की माया

किसी ने कहा भगवान की माया
दूसरे ने कहा, वो भगवान है
तीसरे ने कहा, मैं ही भगवान हूँ
चौथे ने कहा, मेरे स्वार्थ मेरे विचार
पांचवे ने कहा, मेरी जाति मेरा भेष
छठे ने कहा, मेरा घर मेरा देश
सातवें ने कहा, मेरा तन मेरा पेट
थक कर जब सभी गये लेट
न रहा अपना न रहा पराया
संघर्ष जारी है दौड़ जारी है
नियति की माया कहिए या प्रकृति का प्रवाह
सबको अपना जीवन प्यारा है
कहते हैं आप मरे जग प्रलय
इसीलिए अपनी-अपनी गुनगुनाहट अपनी-अपनी लय

अनंत शक्ति अनंत माया

वह शुक्राणु जो जीव बना
उस जीव में अनगिनत शुक्राणु हैं
एक शुक्राणु जो जीव अवतरित हुआ
उसका संयोग अनगिनत अण्डकोषों में एक से हुआ
वह शिव व शक्ति, वह कामदेव के उपक्रम
जो शुक्राणु को अण्डकोष में मिलाए
शिव के गले में लटका सांप
उसी शुक्राणु का प्रतीक लगा
जो लाखों से अलग निकला
अण्डकोष से संयोग किया जीव बना
संघर्ष और प्रतिस्पर्धा, प्रकृति और पौरुष
संसार की अनंतमाया, वो नक्षत्रों की छाया
जिसमें हमारा जीवन समाया, यहीं कुछ समझ में आया
पर उसके पार जब देखा
वो अनंत ब्रह्मांड की अनंत माया
यह जीवन और यह छोटी काया
उस अनंत काल की अनन्त माया
में अनन्त शक्ति से मन बहलाया

तेरा यह रूप प्रचण्ड

तेरा यह रूप प्रचन्ड
हो न हो यह तेरा घमंड
एक दिन हो जाएगा तू तंग
नहीं चल पाएगा किसी के संग
हो न जाना कहीं अपंग
काम, क्रोध, मोह, लोभ के संग
गर टकरे कोई दबंग
तेरा यह रूप प्रचंड
अहंकार बढ़े भ्रष्टाचार के संग
हो न हो यह तेरा घमंड
कहीं जीवन तेरा न हो जाय भंग
अहंकार और अज्ञान के संग
न जायेगी संपत्ति न जायेंगें संबंधी तेरे संग
जब प्राण तोड़ेंगें शरीर से संबंध
मिट जाऐगा तेरा यह रूप प्रचण्ड

देश भक्ति की राह पर

देश भक्ति की राह पर कुछ दूर चलकर थक जाता हूँ
देश विकास की चाह से भरपूर दिल का मरीज बन जाता हूँ
तब कुछ मनचले डॉक्टरी उपदेश देने लगते हैं
स्वास्थय नहीं तो संसार नहीं धन नहीं तो परिवार नहीं
सुरा-सुंदरी नहीं तो प्यार नहीं भ्रष्टाचार नहीं तो सरकार नहीं
हा हा हा हो हो हो ठहाके लगाते धुँआ उड़ाते
घूर-घूर कर देखते फिर ओझल हो जाते
विश्राम के बाद मैं फिर खड़ा हो जाता हूँ
कुछ भिखारी बच्चे कूड़े में कुछ ढूँढते नजर आते
अंधे, लंगड़े, अपंग, कुष्टरोगी उसी राह पर मिल जाते
तभी भौंपू की आवाज लिए लाल बत्तियों वाला गिरोह
उनके आगे काले कच्छे वाले तेज बरछे वाले
आतंक फैलाते पास के पंचसितारा में घुस जाते
शाम आते अंधेरा हो जाता और मैं लौट चलता हूँ
हर यात्रा के बाद लोग कहीं न कहीं पहुँच जाते हैं
शवयात्रा के साथ शमशानघाट पहुँच जाते हैं
फिर भी हमें हमारे सपने हमारी सोच दर्शाते
दूसरे दिन की आभा के साथ जगाते
प्रातःकाल की आशा, वह नवीनता वह ताजगी देते
मैं फिर उसी राह पर अपने आपको चलता पाता हूँ
कुछ लोग और भी होंगें हमारी तरह दिल के रोगी
सच्चाई के संग अभ्यास करते ऊँचाइयों को छूते
मैं उसी सतसंग की राह देखता हूँ

बोलने की आदत है

अपना राग अलापते रहे हमारी बात सुनी नहीं
फिर भी कहते हो आपसे बातें बहुत हुईं
तुम्हारे वार्तालाप में वार्ता कम आलाप अधिक
जैसे दाल में पानी कम, मिर्च-मसाले अधिक
असंतुलन से सब कुछ बिगड़ जाता है
फिर भी कहते हो आपसे बातें करके खुशी हुई
बड़ा अच्छा हुआ तुम्हें तुम्हारी बातें सुनने वाला मिला
डींगें और भी हैं और सुनाने वाले भी
हमारे कान भी लंबकरण जैसे बनने लगे हैं
क्योंकि आज बकवास का फैशन है
अच्छा होता इस बकवास से पेट भर जाता
मगर हमारे तो कान भी खाली रह जाते हैं
और वे कारों से धूल उड़ाते, गुलछर्रे उड़ाते जाते हैं
उनके शहजादे औरों को हरामजादे बताते हैं
फिर कई घोटालों की माला पहनते जाते हैं
दुनियाँ के संस्कार अब बदल गये हैं
लोगों के चाव बदल गये हैं, भाव बदल गये हैं
उधर धरती पर संतुलन बदल रहा है
पर्यावरण बदल रहा है लोग बदल गये हैं
भविष्य डरावना है पर हमें फिर भी नींद आ रही है
सोने से पहले फिर भी लोग बाते करते राग अलापते
एड्स बढाते, अपराध सहते, अन्याय देखते जाते हैं
पुरानी आदत से बाज आते नहीं और बोलते, ऊँचा बोलते जाते हैं

मैं क्या करूँ

भटक जाऊँ या अटक जाऊँ ? जाऊँ तो कहाँ जाऊँ
पहले स्कूल जाता था कालेज जाता था
यूनिवर्सिटी भी गया और गांव वापिस चला आया
ब्रहमचर्य काल गया, गृहस्थाश्रम चला न पाया
सन्यास के बाद वानप्रस्थ में लटक जाऊँ
पर आज शाम को खाऊँ तो क्या खाऊँ
गर्मी के मौसम में पेड़ के नीचे सो जाऊँ
अपनी इस दरिद्रता से पीछा कैसे छुड़ाऊँ
नंगे पैर जलते हैं कभी गर्मी में
कंकर कांटों से बचते पर ठंड नहीं सह पाते हैं
किसे दिखाऊँ यह विवाई, कौन देगा हमें दवाई
मैं करता तो क्या करता
पेट भरता या तन ढांपता
सिर छिपाने के लिए जब रेलवे स्टेशन की ओर चला
तो पुराने सहपाठी से मिला
कितनी आकांक्षाएँ थी हमारी
पूरे देश में आज भी यही बीमारी
भटक जाऊँ या अटक जाऊँ
या अगले खम्बे से लटक जाऊँ
जाऊ तो कहाँ जाऊँ

भगवान कहाँ है

पैदा होने से पहले गिरा दिया होता भगवान कहाँ है
पैदा होते माँ चल बसी भगवान कहाँ है
गरीबी में पले जानवरों की तरह भगवान कहाँ है
भीख मांगते फटकार सुने भगवान कहाँ है
भूखे पेट सो जाना मेरा दाना पानी कहाँ है
तन पर कपड़ा नहीं पैर में जूते नहीं
स्कूल का द्वार देखा नहीं सरकार कहाँ है
मार डाला एक दिन उन दंगाइयों ने मेरे बापको
भागकर जब मैनें जान बचाई
फिर से लूटा उन दरिंदों नें, भगवान कहाँ है
कई बार बलात्कार हुए पुलिस थाने में
जज ने कहा मेरे भी कपड़े धो डालो
पेट में पल रहा शायद वकील बने
पूछेगा मेरे अधिकार कहाँ है
अब एड्स का सामना है भगवान कहाँ है?

मानव जाति भिन्न प्रजाति

जानवरों की पेड़ पौधों की विभिन्न प्रजातियाँ हैं
तो मानव जाति की विभिन्न जातियाँ प्रजातियाँ नहीं होती
डारविन की पद्यती ठीक लगी
बंदर बसते होंगें अफगानिस्तान के बंदर बस्ती नामक स्थान में
भारत में उसकी उड़ी पूँछ है काश्मीर में साक्षात प्रमाण के आगे
हर प्राणी लेटे जागे, कुछ भाग्यावान तो बाकी अभागे
मानव जातियाँ और प्रजातियाँ कहते हैं अफ्रीका से आई
पर अभी तक पूरी अकल नहीं आई विश्व बाजार में मंदी है छाई
सैन्य उपकरणों ने तेज की लड़ाई
सैनिक मरते जाए, व्यापारियों ने मौज उड़ाई
धर्म और जाति के नाम पर दुश्मनी है उकसाई
मानव जाति अजीब दुष्ट जाति है
अज्ञानता या महानता शायद प्रजाति है
कब मानव छोड़ेगा दानव का साथ
लगता है इनका चोली-दामन का साथ
भूगौलिक दूरियों नें, प्राकृतिक विभिन्नता ने, विभिन्न सृष्टि है रचाई
जीवन को धरती पर ले आई
विश्वीकरण की बात, पर्यावरण की गर्मी
मानव की सोच में लाए नर्मी
पूरे ब्रह्मांड में केवल धरती पर जीवन है
अभी तक यही जानकारी है आई
तो जीवन की प्रशंसा करो, सुरक्षा करो
जाति हो या प्रजाति, पशु प्राणी हो या फूल कंद
प्रेम विभोर होकर प्रेम संगीत के लिखें नए छंद

प्रकृति के संग

सुखा पड़ा है सुखा ग्रस्त इलाके में
सुखा पीड़ित हूँ विज्ञान के धमाके में
सुना है भगवान वर्षा करते हैं लोग कहते हैं हम पापी हो गए हैं
हम ठहरे शाकाहारी पर हरियाली का नाम नहीं
माँस खाते नहीं सिगरेट पीते नहीं
भगवान कहते हैं अब पानी भी नहीं
पानी के अभाव में सूख जाती है खेती
निकम्मी सरकारें किसी की सुध नहीं लेती
कुछ कहते हैं यह प्राकृतिक प्रकोप है
तो और कहते हैं यह पर्यावरण का दोष है
फिर सर्वनाश के बाद वर्षा देवी आई
कुछ लोग कहने लगे मौसम खराब हो गया ठंड़ी आई
हमने सोचा अब सब होगे खुशहाल, खुशहाली आई
इसी खुशी में ओढ़ ली रजाई
वर्षा के बाद, अब बर्फ है बिछाई
अजी टेलीफोन बजते नहीं, बिजली तूने भगाई
सूखा राहत के नाम पर सरकार ने मोमबत्ती भिजवाई
अधिकारियों के घर उनकी पत्नियों ने जोत जगाई
अरे मत रो भाई अंधेरगर्दी में कहीं तो रोशनी है
सरकारी वर्दी में कहीं तो नौकरी है
अरे मत हो उदास जीवन का आनन्द ले
प्रकृति के संग फिर प्रफुल्लित होगे बाग बगीचे
चल पड़ेंगे पानी स्रोत आयेंगे नये गलीचे

पढ़ाई व्यर्थ है

बेरोजगारी का जमाना, पढ़ाई बनी अफसाना
भारत में जब मुगल आए फारसी को साथ लाए
फारसी को छोड़ कर उर्दु का चला जमाना
अंग्रेजों की नौकरी में अंग्रेजी पड़ी सिखाना
विदेशियों को था शासन चलाना
और चाटुकारों को थी समीपता बढाना
अब स्वराज्य में देवनागरी में पढ़ाई चलाना
पर राजनीति का अफसाना
भाषावाद उठाना, क्षेत्रवाद बढ़ाना
जातिवाद, संप्रदायवाद को चलाना
राजनीति का नया ठिकाना
नहीं चाहिये ऐसी राजनीति न ऐसा राजघराना
पढ़ो लिखो अच्छी नौकरी पाओगे
नहीं तो चरवाहे बन जाओगे
खेल कूद में समय न गंवाओ
पढाई में मन लगाओ, अच्छे पद पर पहुँच जाओगे
ऐसी भी सोच थी हमारी, क्योंकि हम ठहरे अनाड़ी
काला अक्षर भैंस बराबर, शिक्षा बनी सफेद हाथी
पढ़ाई व्यर्थ है अब चारों ओर से यह आवाज है आती
सिफारिश लाओ, पैसा हो तो सरकारी नौकरी मिल जायेगी
निजी क्षेत्र की नौकरी में, आत्मसम्मान से छुट्टी हो जायेगी
अभी तो आधे लोग पढ़ाई से अभागे

क्या हाल क्या सोच होगी जब सभी आएंगे आगे
नौकरी न मिले तो पढ़ाई व्यर्थ है ऐसी सोच पुरानी है
हमारे विकास में पढ़ाई समर्थ है ऐसी सोच बनानी है
पढ़ना लिखना ही शिक्षा नहीं
सरकारी नौकरी पाना ही दीक्षा नहीं
सड़क पर रोज भीख मांगना भिक्षा नहीं
राजनीतिज्ञ बहुत है पर दिशा नहीं
बहुत दुःख है, देश की दीन दशा, दिशा हीनता पर
गौरव था हमें अपनी संस्कृति और वैदिक ज्ञान पर
आगे भविष्य के गर्भ में क्या है भयावना उसका रूप है
नामकरण अभी से कर दो, हमारा नाम रामस्वरूप है

कविताएँ और भी हैं

कविताएँ और भी हैं कवि और भी होंगे
एक मैं तेरा दिवाना तेरे चाहने वाले और भी होंगे
कलाएँ बहुत हैं कलाकार और भी होंगे
जनसंख्या बहुत है बच्चे और भी होंगे
समस्यायें अनेक हैं समाधान भी होंगे
चोर बहुत हैं उनके सरदार भी होंगे
दुष्टों और भ्रष्टों के मित्र सरकार में होंगे
लोग, नियम, धर्म और संस्कृति कलियुगी होंगे
जैसे झील झरने, नदी तालाब मरुस्थल में होंगे
प्रलयकारी परिवर्तन पर्यावरण में होंगे
भारत को पाकिस्तान में मिलाने के आवरण होंगे
बड़े-बड़े मलेछ देश के नेता होंगे
धोखाधड़ी भ्रष्टाचार देश के आचरण होंगे
कविताएं और भी हैं कवि और भी होंगे
मदिरा, मांस और नशीले द्रव्यों से नए संस्कार होंगे
साधु संतों को छोड़कर दुष्टों के सत्कार होंगे
गन्दगी और मलीनता रोगों के आसार होंगे
रोग और भी हैं नीम हकीम भी फिरते मिलेंगे
बड़े-बड़े अपराध और व्याभिचार होंगे
छोड़कर ऐसा समाज, शान्ति और प्रेम एकान्त में होंगे
पहुंचकर उसकी शरण में सभी ग्रह शान्त होंगे
भगवान बहुत हैं भाग्यवान और भी होंगे
कविताएँ और भी हैं कवि और भी होंगे

लोग क्या कहेंगे

एक यह भी समस्या है लोग क्या कहेंगे
यह एक पुरानी धारणा है कुछ लोग यही कहेंगे
जीभ चलती रहती है लोग कुछ न कुछ जरूर कहेंगे
तुम्हारे जन्म पर, उनके मरण पर,
तुम्हारे यज्ञ विवाह पर लोग कुछ तो कहेंगे
तुम अच्छा करो, तुम बुरा करो लोग कुछ तो कहेंगे
तुम्हारे कारोबार से, सफलता और अच्छाई से जलते भी रहेंगे
धन आने पर लड़की जवान होने पर लोगों की आँखे लग जाए
लोकतंत्र में समय-समय पर चुनाव आ जाए
सत्ता लोलुपता के चक्कर में नारेबाजी हो जाए
कोई जीत गया कोई हार गया लोग क्या कहेंगे
सत्ता सीन होने पर कुछ कर न पाए ऐसा भी कहेंगे
दिशाहीन रहते संसदीय भीड़तंत्र में क्या कर पाते
हमारा नेता हमारे जैसा हो लोग बार-बार हैं झटपटाते
कीचड़ में बैठी भैंसे शुद्ध जल के लिये ललचाए
मगर भैंसों के स्वामी असमर्थता का गाना गाए
क्योंकि दूध चाहिये भैंस का थन धो देते हैं
बछड़ा चाहिये नहीं बुचड़खाने भेज देते हैं
ऐसा तो होता ही है लोग यही कहेंगे
परिवार और संबंधी अंतरजातीय विवाह पर क्या कहेंगे
धर्मनिरपेक्षी भारत को पाक में मिलाने की कहेंगे
परीक्षण साम्यवादी असफल रहा ऐसा विचार करेंगे

देश की उन्नति और विकास पर व्याख्यान भी करेंगे
पर योजना सत्ता लोलुपता और स्वार्थ सिद्धि की करेंगे
लूटपाट और सत्ता में भागीदारी हो, ऐसी बात कहेंगे
देश सेवा समाज सेवा प्राचीन बाते हैं लोग ऐसा भी कहेंगे
पिशाचबुद्धि, दैत्यवृति, गुण्डागर्दी, हाथापाई,
दादागिरी को क्या पराक्रम कहेंगे
मत रो मेरे दिल रोंदु मत परवाह कर लोग क्या कहेंगे
अपने सिद्धांतों पर चलता जा लोग तुमसे दूर रहेंगे
एकान्त में वेदान्त है लोग तुम्हें सताते रहेंगे
चले जाओगे तुम जिस दिन लोग पछताते रहेंगे
भगवान के घर अन्धेर है लोग ऐसा भी कहेंगे
दुष्ट, भ्रष्ट, व्याभिचारी, दैत्यवृत्ति अस्थिरता के नियम होंगे
सत्य, अहिंसा और सेवा धर्म के प्रतीक होंगे
संसार की निराली माया है, अन्त में लोग यही कहेंगे ।

आँसु देश प्रेम के

आँसु देश प्रेम के कभी कभार आ जाते हैं
कुछ घटनाओं के संदर्भ में हम देश प्रेम से जुड़ जाते हैं
कभी हमारे स्वार्थ देश प्रेम में दीवार बन जाते हैं
कभी हमारे देशवासी मूर्खता से हमें विद्रोही बना लेते हैं
देश भूगोलिक है, सांस्कृतिक है, देश राजनैतिक भी है
हम जानते हैं विदेशों में जाकर, देश एक अलग पहचान भी है
घर की याद आए, प्रियजनों और संस्कारों की याद सताए
या बाल्यकाल और जवानी के गीत उन दिनों की याद दिलाए
माँ के गर्भ में थे, उसकी याद कभी न आई
फिर भी हमने जाना कौन है बहन कौन है भाई
माता-पिता ने प्रेम की शुरुआत कराई
आँसु आ जाते हैं जब प्रियजनों से होती है विदाई
जो आएगा सो जाएगा जो मिलेगा सो बिछड़ेगा
जन्म के बाद मृत्यु निश्चित है यही है एक सच्चाई
इसी जन्म से हमारी भावनाएं जीवित हैं
इसी संसार से हमारी जीवन मृत्यु है
फिर भी हम एक देश में रहते हैं एक भेष में रहते हैं
देश और भेष के इस लगाव को देश प्रेम कहते हैं
इसी देश की रक्षा के लिए हम बलिदान को तैयार रहते हैं
बलिदानियों के पर्व पर आँसु देश प्रेम के आते हैं
याद हमारे इतिहास की बात हमारे भविष्य की
अपने आज की खातिर हम जुड़ जाते हैं

बात खेल के मैदान से हो या सीमा पार से
कभी खुशी कभी गम के आँसु आ जाते हैं
देश प्रेम की परीक्षा और बलिदान के अवसर रोज नहीं आते हैं
इसीलिये आँसु देश प्रेम के कभी कभार आ जाते हैं

स्वामी हम बनने चले

स्वामी हम बनने चले स्वांग बन कर रह गये
साधु हम न बन सके, स्वादु बन कर रह गये
भावना प्राकृतिक है ध्येय आवश्यक साधना पर्याप्त है तो
भगवान व्यापक साधु स्वभाव से गुरू ज्ञान से होता
पंच दोषों से मुक्त स्वामी वो कहाता सच का
बस्वाद चखा, साधु बन न सका
स्वाद कभी मधुर था अति सुन्दर दिव्य ज्योति जैसा
अनुभव कठोर भी हुए जिन्हें सह न सका
पंचभूती से शरीर बना, पंच दोषों का रोग लगा
यह सारी प्रक्रिया वैज्ञानिक रही ऐसा अनुभव लगा
धर्म के ज्ञान और इतिहास से प्रेरणा लेकर कुछ ऐसा होने लगा
क्यों न प्रयत्न करूँ स्वभाव मेरा कहने लगा
हर-हर गंगे शिव भूतादिक संगे, पंचभूत आवश्यक लगे
काम से सृष्टि है शेष रोगों से निदान कठिन है असंभव नहीं
यह देखकर यह जानकर संतोष हुआ हमारे जीवन का निर्धारण,
निवारण संस्कार से हुआ जी रहे हैं हम इस जीवन को कुछ इस
तरह इन अनुभवों को तिलांजली देकर होगी बड़ी विरह
फिर भी निसंकोच, निसंदेह यह जान लेना
समय मिले तो अपने आपको पहचान लेना
दार्शनिकों की मुद्रा होगी या ध्यान की माला रूद्रा होगी
व्यंग तो हम कर ही सकते हैं इसलिए कहता हूँ जोगी, वह आती ही
होगी स्वामी हम बनने चले थे स्वांग बन कर रह गए
साधु हम बन न सके स्वादु बन कर सो गये

मन्दिर बनाना ही होगा

राम नाम की लूट है लूट सके तो लूट
पीछे क्या पछताएगा जब प्राण जाएंगे छूट
ये राम उपासक काव्य के रचयिता क्या सांप्रदायिक थे
अवश्य होते अगर उस समय देश में सत्ता के दलाल होते
सत्ता लोलूप धर्म निरपेक्षी होते देश द्रोही जयचन्दी होते
अभी कुछ आतंकी दरिंदों ने संसद भवन पर दस्तक दी थी
मगर कुछ लोगों के दस्त अभी बन्द नहीं हुए हैं
कुछ और धर्म विरोधी, भ्रष्टाचार के लोभी
राम विरोधी पाकिस्तान के दोधी
संसद को चलने देते नहीं
जाति विभाजन कराते, खंडित जनादेश लेते थकते नहीं
चल जाती अगर इनकी चाल पूरे देश में
कई पाकिस्तान और भी बनाते हर प्रदेश में
मन्दिर अब बनाना ही होगा
इसलिये नहीं कि देश में मन्दिरों की कमी है
इसलिए कि वहाँ राम जन्म भूमि स्थान है
जो हमारे परम प्रिय भगवान है
मन्दिर अब हमारी आन की बात है शान की बात है
मन्दिर न बने तो हिंदु और देश के अपमान की बात है
बाबर भक्तों के लिए पाकिस्तान, भारत विरोधी लोगों ने बनाया
दिल्ली में नेहरू और करॉची में जिन्ना को सत्ता में बिठाया
धर्मनिरपेक्षी देश द्रोही ताकतें कश्मीर से
हिंदु पलायन पर चुप क्यों हैं

बंगला देश से भारत में घुसपैठ और वहाँ
अल्पसंख्यकों पर अत्याचार पर चुप क्यों हैं
इन लोगों के मत धर्मनिरपेक्षी मतवालों को नहीं चाहिए
ईटली जाने के लिये जिन लोगों को वीजा तक मिलता नहीं
मर जाते हैं किश्तियों में कई बार, यात्रा ऐजेन्टो के चुंगल में
इन लोगों के मत भी नहीं चाहिए क्योंकि काफी नहीं है
अल्प संख्यक नाम है पर आबादी 20 करोड़ है
इनके मत से बेमत सरकारें बन जाती हैं
रामचन्द्र जी मत नहीं डाल सकते
उनके भक्तों में भी मलैक्य नहीं विभक्त हो जाते है
इसलिए राम विरोधी किसी से डरते नहीं
बकवास करते चले जाते हैं
उन्हें इंतजार शायद होगा खून खराबे का
प्रशंसा करते होंगे ऐ. के. 47 का
तभी तो उग्रवादियों और आतंकवादियों से
बातचीत करने की बात कहते हैं
साधु संतों से, त्रिशूल या डमरू से वे डरते नहीं
क्योंकि उन्हें जैड सुरक्षा उपलब्ध है
धर्महीन, सिद्धांत विहीन लोगों की औकात होती नहीं
अपने धर्म का अपमान करते दूसरों का मान क्या कर सकते हैं
जिन्हें शर्म आती है अपने बाप को पिताजी कहने में
उन वर्ण संकरों को दूसरों के संस्कार की परवाह होती नहीं
अंग्रेजों से स्वराज्य की लड़ाई सुप्रीम कोर्ट में न लड़ी थी
हमारे दलित धर्मस्थानों की मुक्ति अभी शेष है बड़ी देर से खड़ी थी
मुक्ति आन्दोलन चलाना होगा, बावरचियों को हटाना होगा
मन्दिर बनाना ही होगा और बनके रहेगा
चाहे विरोध कितना ही होगा

धर्म के नाम पर काट डाला टुकड़ों में भारत देश को
हिन्दुओं का पलायन कराया पाकिस्तान से भारत देश को
जरा नाप के देखो उस टुकड़े को जिससे पाकिस्तान बना
एक छोटा सा टुकड़ा नहीं देंगे मन्दिर के लिये राम जन्मस्थान में
जिक्र अब किया छोटे से टुकड़े का
चर्चा करनी होगी बहादुरशाह जफर की रंगूनी दास्तान से
"इतना बद नसीब हूँ जफर, दो गज जमीन भी न मिली
दफन के लिये, कूचे यार में"
सैकड़ों, हजारों निरपराध लोगों की बलि चढी है इस विवाद में
राजनीति के अड़ीयल चालबाजों और कितने मरवाओगे इस फसाद में
महात्मा गांधी का नाम लेने वालो इनके भजन को भी याद कर लो
"रघुपति राघव राजा राम पतित पावन सीता राम"
रघुकुल रीत सदा चली आई, प्राण जाएं पर वचन न जाई
इसे याद रखना मन्दिर वालो, मन्दिर बनाने पर जब तक है मनाही

सभ्यता की ओर

पृथ्वी पर ही है यह जीवन ये जीवन बहुत पुराना
करोड़ों वर्षों तक रहा डायनासौर का जमाना
मानव पशु काल से पाषाण तक आए
विकास ने वैदिक काल से यहाँ तक पहुँचाए
विनाश ने समय-समय पर अपने तेवर दिखाए
मानव ने सभ्यता की ओर चरण बढ़ाय
नंगे पावों को, नंगे शरीर को भूखे पेट को बचाए
प्राकृतिक कष्टों से जो जंतुओं के सिवाय
भूगौलिक स्थितियों के अनुसार सताए
फिर भी मानव ने अपने चरण पीछे नहीं हटाए
आवश्यकता ने नये आविष्कार है कराए
कुछ स्थानों कुछ देशों में अभी तक सभ्यता के दर्शन अति सूक्ष्म हैं
भारत जैसे देश में काल चक्र ने कई चक्कर खाए
पशु से मानव और मानव से फिर पशु बनाए
सभ्यता के चरणों को फिर नंगा करवाए
फिर भी मानव ने विकास के ज्योत जगाए
ज्ञान की ज्योति अध्यात्म के नए शिखरों को छुआए
कुछ लोगों ने सत्यमार्ग पर चलकर अहिंसा अपनाइ
इन उत्कृष्ट स्थितियों को बदल डाला उन आततायियों ने
जो अभी तक पशुवत पेट भरते चले आए थे
दास्ता की बेड़ियों में जकड़ डाला उन विदेशियों ने
सभ्यता का वास्ता देकर गांधी जैसे काल पुरुषों ने आंदोलन चलाए
सभ्य, सत्य अहिंसा का मार्ग अपनाकर विदेशी भगाए

आज हम फिर किसी काल चक्र में फँसते जा रहे हैं
बढ़ती हिंसा और अपराध, हमारा गला घोंट रहे व्याध
पूरे विश्व में सभ्यता की ओर लोग बैठे हैं उदास
विनाशकारी हथियार और हिंसा बढ़ाते, सत्य का करते उपहास
मानव बंदर से पैदा हुए या नहीं हमारी बंदरवृत्ति करती रहती है
उत्पात पाकिस्तान बनने के बाद भी बना हुआ है धर्म विवाद
कभी उस नस्ली गधे पर, अब कश्मीर और मन्दिर मस्जिद पर फसाद
कुछ पशुओं को आपस में लड़ते हुए कभी देखा होगा
अपनी ही जाति पर हमला करते नहीं देखा होगा
मानव जाति की तरह विनाश करते नहीं देखा होगा
सभ्यता के इतिहास में केवल विकास का लेखा-जोखा होगा
योग और ध्यान में शिक्षा लेनी होगी सत्य, अहिंसा और प्रेम की सुध
लेनी होगी न्याय और सम्मान से समानता की ओर अग्रसर
सहयोग और विकास से सभ्यता के और अवसर
हिंसा और लूट खसूट असभ्यता की निशानी है
दुष्टों और कायरों की ऐसी मनशा बहुत पुरानी है
जी करता है तुम्हारा भी तलवार उठाने को
यह लेखनी पर्याप्त नहीं है धर्म निभाने को
संयम और विवेक से काम ले, विवेक केवल मनुष्य को प्राप्त है
तलवार से सुरक्षा तो कुछ होती होगी, पर यह निर्माण का साधन नहीं
है पिघला डालो तलवार को, सभ्यता का विकास हथौड़े से हुआ
बलात्कार से नहीं, तुम्हारा जन्म प्रेम से हुआ तरुवर फल नहीं खात
हैं, सरवर पीये न पानी उस कवि को प्रणाम है, यह बात याद है
जुबानी प्रकृति के संग फूलो फलो, प्रकृति प्रेम की दीवानी
सभ्यता की ओर बढ़ो लिखो नई कहानी

सारे जहाँ से अच्छा

सारे जहाँ से अच्छा हिंदोस्तान हमारा
हम बुलबुले हैं इसके यह गुलिस्तां हमारा
इस सुंदर गीत के बाद इकबाल पाकिस्तान चले जाते हैं
जैसे इस संसार में आने के बाद लोग कहीं गुमनाम हो जाते हैं
कभी वाह-वाह हो जाती है कभी अफसाने बन जाते हैं
यहाँ पहुँच कर इधर-उधर की बातें करके कहीं और चले जाते हैं
गैंदे के फूल में, मक्की के सिडे में बहुत सारे बीज हैं
प्रेम में संवाद और घृणा में विषाद के बहुत सारे बीज हैं
धर्म के नाम पर राजनीति करने वाले प्रथम श्रेणी के नीच हैं
गरीब निरपराध पर वार करने वाले राक्षस मलेच्छ मारीच हैं
काश धर्म निरपेक्षी धर्म निष्पक्षी होते
धर्म निरपेक्षता के नाम पर वोट की झोली न फैलाते
दूसरों को नीचा दिखाने का अभिमान न करते
गरीबों को तोड़ने का अभियान न करते
पूँजीवादी स्वामियों ने अपने-अपने नारे हैं बनाए
साम्यवादियों ने भी देशद्रोह के झंडे हैं उठाए
न्याय न्यायपालिका से होता नहीं
काम कार्यपालिका करती नहीं
गंदगी, गरीबी देश से हटती नहीं
नेतृत्व और प्रबंध विधायिका करती नहीं
फिर भी हम कभी कभार स्वतंत्रता दिवस पर
या सुनते हैं गणतंत्र दिवस पर

सारे जहाँ से अच्छा हिंदोस्तान हमारा
हम बुलबुले हैं इसके ये गुलिस्तां हमारा
कैसी विडंबना हुई, कैसी दुर्घटना हुई
हमारी उस कवि से फिर मुलाकात न हुई
हो गया देश खंड़ित, खीर खा गया पंड़ित
पंड़ित के चोटी नहीं थी, लंगोटी नहीं थी
टोपी के नीचे शीशगंज थी पाकिस्तान बनने से देश में बड़ी रंज थी
उसी दिन से चली है रंजोगम की दुषित हवा
न कोई टीका है, न कोई करता दवा

ऐसा रहा दुर्भाग्य हमारा

पहले तो बंदर से जन्म हुआ, अब बंदरपन से छुटकारा नहीं
कभी-कभी आनंद भी आता है, काश हम बंदर ही रहते
देखता हूँ हम हठ, योग, साधना विभिन्न पशुओं से सीखते रहे
मधुमक्खी से सीखा होगा राज्य चलाना
चींटीं से सीखा होगा अन्न भण्डारण करना
दुर्भाग्य से जंगलराज को कुछ लोगों ने किया शुरू अपनाना
शेर का काम था निर्बलों को खाना और धमकाना
उसके प्रशंसकों ने भी शाकाहारी पशुओं को बनाया अपना निशाना
भूल गये शाकाहारी हाथी को जो सबसे बलवान है
इसलिए कि वह मानव का साथी बनने को तैयार है
डरते हैं हमेशा उस क्रूर भयकारी जानवर से
इसलिए मानते हैं उस राज्य को जो भयकारी हो
भय चोर का है, डाकू का है, पुलिस और जज का है
भय हिंसक जानवरों का है, मच्छर और मक्खियों का है
भय छुरे, तलवार, बंदूक, टैंक और तोपों का है
बुरे कामों से डरते नहीं भय एटम बम का है
भगवान का भी डर नहीं पूछते हैं उसे किसने देखा
बहुत काल बीता, पाषाण काल से आज तक जो सीखा
दुर्भाग्य से देवज्ञान, देवस्थान की उपेक्षा होने लगी
भ्रष्ट, दुष्टों और चोरों की प्रशंसा अब होने लगी
आतंकवाद से समझौता और निर्बलों की हत्यायें होने लगीं
चोर हमारी जाति संप्रदाय, से है उसकी नेतागिरी चलने लगी
दुर्भाग्य से लोकतंत्र, भीड़तंत्र बनता जा रहा है

चूहे अधिक संख्या में हैं, किसान को उजाड़ रहा है
मच्छर अधिक हैं, मलेरिया फैल रहा है
सुअर अधिक हैं, हाथी को पछाड़ रहा है
गिनती संख्या से अब निर्णय हो रहा है
नियमों का निर्माण भी गिनती से हो रहा है
दुर्भाग्य से संसार में अच्छी चीजों की कमी है
कमी है अच्छे खाने, अच्छे गाने की, सुंदर स्त्री-पुरुषों की
कीमती धातुओं, वस्त्रों और सुंदर भवनों की
पत्थर बहुत हैं हीरे-जवाहरात कहीं-कहीं हैं
जंगल बहुत हैं चंदन कहीं कहीं हैं
गंगा में पानी बहुत है पर गंगाजल हर की पौड़ी में
दुर्भाग्य से हमारा मन फसां फूटी कौड़ी में
दुर्भाग्य और सौभाग्य भाग्य के दो रूप हैं
अब किसको क्या मिला सारा भाग्यस्वरूप है

जयचंदियों ने आस लगाई

जयचंदियों के वंशजों ने है आस लगाई
इतने सालों में केवल जनसंख्या बढ़ाई
क्योंकि इनकी जान कभी देश के काम न आई
पाकिस्तान में है इनकी बहन आई० एस० आई०
भारत में सांठ-गांठ है नामी बड़े भाई
धर्मनिरपेक्षी कौवों ने है पाकिस्तानी लॉबी बनाई
विदेशी साड़ी पहनाई, भारतमाता को करें विदाई
देश में आतंकवाद के बाद गृहयुद्ध की योजना बनाई
कुछ नर मांस के टुकड़े मिलेंगे कौवों ने आस लगाई
आतंकवादियों ने संसद पर दस्तक दी फिर भी होश न आई
जागो देश वासियों जागो वाजपाई, बलिदान की बेला अब है आई
देश में उपद्रव हो रहे हैं मरघट बने हिंदुओं के लिए
भारत को काटकर पाकिस्तान बनाया मुसलमानों के लिए
राम जन्म स्थान में 2 बीघा जमीन नहीं है मंदिर बनाने के लिए
धर्मनिरपेक्षी कौवों होश में आओ नहीं तो बेहोश हो जाओगे
अभी तुम्हारे आचरण की निंदा है फिर मार से बेहोश हो जाओगे
नारे लग रहे हैं धर्मनिरपेक्षी हाय-हाय, देश द्रोही हाय-हाय
अब हमारे संयम का घड़ा भरता जाए
जो हमसे टकराय वह चूर-चूर हो जाए
तो अब आओ आगे-आगे
शांति और व्यवस्था का करो उपाय
नहीं तो देश डूब जाए
दुनिया देखती रह जाए

वर्षा अब थमती नही

वर्षा अब थमती नही, बहुत दिनों के बाद आई
इतनी प्रेम के बाद कर न देना बेवफाई
हमन सुन्दर रजाई है बनवाई
सूखी धरती की प्यास तूने बुझाई
कई रूप कई गुण हैं तेरे चाहने वाले बहुतेरे
कहीं टिमटिम, कहीं बाढ़ कहीं बर्फ के ढेरे
तू आती है फिर चली जाती है चांद की तरह
की अमावस्या की पूर्णिमा की तरह
तेरे आने की बेला निश्चित नही है
प्रातः काल, हो या सांयकाल आधी रात में जगाती है
अनुशासनहीनता ही प्रेम में पाई जाती है
वर्षा तू सृष्टि का अन्नि अंग है
तुझे हम प्रेम करते हैं तरसे हैं तेरे लिए
बड़ा सुन्दर चाल चलन है तेरा
मुझे बादलों नें घेरा ओंले न बरसा देना
मेरी शीशगंज में न करना बसेरा
प्रकृति की अमुल्य देन, जीवन की तू जननी है
धो डालती हैं सारी मलिनता, फिर शुद्ध बनी है
हमारी छत से, खेत से, वनों से पहाड़ों से बहती
तू नदी नालों से समुद्र में मिल जाती
बड़ा मन्थन है वहाँ, बड़े मनन चिन्तन के बाद
शुद्ध बादल बनी ब्रह्मकुमारी, इन्द्र की प्यारी

फिर वर्षा बन जाती है रमण की रमणी
की तेज झौंको के साथ की चमकती बिजली
की रिमझिम की बर्फ की चादर बिछा जाती
तू स्वयंवरा है, धरती तेरी दीवानी
शिव तुझे न पाये तेरी रूत रूहानी

ओउम सूर्यायं नमः

ओउम सूर्याय नमः ओउम सूर्यदेवाय नमः
हम आर्य ठहरे प्रकृति के उपासक
प्रकृति के हर रंग रूप में गवान बसते हैं
ऐसा हमारा विश्वास, हम तेरे प्रशंसक
आदिकाल से आज तक तेरी महिमा है गाते
अनादिकाल तक तेरा अस्तित्व है हम यही जानते
वैज्ञानिक कहते तू गर्म गैस का गोला, हम सूर्यदेव मानते
धरती तुझ से निकली बताते, हम उसे माता बनाते
शौर्य और ओजस्वता के स्रोत, प्रकाश के दाता
तेरी शक्ति से बीज उगें, तू ही अन्नदाता
अग्नी तेरा अंग, शक्ति तेरा आवरण
बादल चाहें रोक लें तेरे प्रकाश को, धरती पलट के रात लाए
तेरी नीयत बदलती नहीं अडिग तेरा सिद्धांत हर दिन प्रकाश लाए
गर पृथ्वी छिटककर तुझ से इतनी सुंदर बनी है
तेरे प्रेम में तेरी पूजा में तेरे गिर्द घूमती है
सीमा बांध रखी है तूने इस प्यार में
नहीं छोड़ता किसी को मंझधार में
रात बीते, दिन बीते, काल शून्य जैसा गोल है
ये गोल स्वरूप तेरा यह गोल बृह्मांड
शायद इसीलिए कुछ लोग माल गोल कर जाते हैं
छोटी बात कह दी तंगदिली में आकर
बारंबार तुझे करता हाथ जोड़कर नमस्कार
ओउम सुर्यायं नमः, सूर्यदेवाय नमः

अनगिनत जीव

आदमी की हठ है वही सब कुछ है
फिर चौरासी लाख योनि बताई
अब वैज्ञानिक कहते हैं यह करोड़ों में होगी
बहुत समुद्र तल पर और कुछ भू तल पर
पृथ्वी के गर्भ में हर प्राणी हर वनस्पति के बीज
अनेक प्रकार की वनस्पति और अनगिनत जीव
आदमी की हठ ने हठ योग बनाया
शिव ने चौरासी लाख फिर पातांजलि ने चौरासी में घटाया
केवल मैं हूँ, आदमी ने इस हठ को दोहराया
अनगिनत जीव हैं अनेक उनके रूप
अत्यंत रोमांचकारी है पृथ्वी का यह स्वरूप
हम खोज नहीं पायेंगें, जान नहीं पाऐंगें
प्रकृति का यह असीमित भण्डार
आखिर उस गर्म गैस के गोले से छिटककर
धीरे-धीरे ठण्डी होकर पृथ्वी पर यह सृष्टि बनी
चांद पर ऐसा कुछ नहीं आश्चर्य की बात है
पर वैज्ञानिकों में कभी भी छिड़ सकता है विवाद
मैने केवल यही जाना यह सब गैस का मामला है
जबसे मुझे पेट में गैस तंग करने लगी
हर वस्तु जलने लगी, उबलने लगी, धूल में मिलने लगी
और अधिक गैस बनने लगी
गैस सूर्य में, गैस धरती पर

गैस ही गैस नजर आने लगी
प्राण भी गैस ही है सांस तो गैस ही है
अब आत्मा गैस में मिलती होगी, हवा में उड़ती होगी
अनगिनत जीवों की गैस कैसे अलग रह पाती होगी?

जीवन एक सपना

जीवन संघर्ष है वास्तव में सपना है
शब्द ये विपरीत है राग अपना है
हँसते-खेलते, कूदते जब आँख-मिचौली करते हैं
झेल जाते हैं जीवन की व्यथा को जब तक सांस लेते हैं
दिन डूबे रात आई, रात बीते प्रभात
कभी धूप लगे, हवा चले, हो जाती है बरसात
ऋतु बदले, वर्षों बीते, बीत जाते हैं काल
दुनियाँ के मेले हैं छोटे और विशाल
घर बनाए, परिवार बनाएं सभी को छुए काल
एक सपने की तरह बीत जाए हमारा बिछाया जाल
सपने आते हैं, छुट जाते हैं, सपने को न टाल पाते हैं
सपने को हम देखते हैं उसे अपना नहीं बना पाते हैं
कुछ देर के बाद भूल जाते हैं
जैसे हम एक शहर से गुजर जाते हैं
हमारा जन्म, हमारा बनाया परिवार
समाज और देश और संसार
देखते जाते हैं एक सपने की तरह
जो हमारा नहीं होता फिल्में हों या हमारे अरमान
हमारी उपलब्धियाँ हों या मुसीबतें
प्रकृति के दृश्य हों या आसपास का संसार
हम देखते रहें दस मिनट देखे, दस साल देखे या सौ साल
देखा जैसे एक सपना ही था
समाप्त हो गया एक दिन वह जीवन जो न अपना था

जी हाँ जीवन एक सपना ही तो है
यह सपना सुंदर भी हो सकता है कटु भी
कई बार दिलचस्प तो कई बार जटिल भी
निहारते जाओ, विचरते जाओ जब तक आँखें देख पायें सपना
हम अपने हो न सके तो यह सपना न होगा अपना
निकल जाते हैं सब सपने मृत्यु शैय्या पर
दाह संस्कार के बाद भी क्या शेष रह जाते हैं

विज्ञान के सौ वर्ष

पिछले सौ वर्षों में वैज्ञानिक विकास में रचा गया इतिहास
पुराणिक कथाओं में सुनते थे, पढ़ते थे कुछ ऐसी बात
पर लोग उसे कोरी कल्पना कहते या साहित्य की उड़ान
अब बड़ी आश्चर्य की खोजें हुई बहुत दूर पहुँचा हमारा ध्यान
बहुत ही लाभप्रद बना, उपयोगी रहा विज्ञान का विकास
मोटर गाड़ी, रेलगाड़ी, हैलीकॉप्टर और चले विमान
रेड़ियों, तार-बेतार, टेलीफोन, टेलीविजन और सैटेलाइट
फिर भी फौजियों में अभी बंद न हुई लैफ्ट राइट
बड़ी-बड़ी दवाएं बनीं, बीमारियों की खोज और बना उपचार
विज्ञान ने आज मानवता पर किया है बहुत उपकार
कुछ लोगों ने हमेशा की तरह अपनी नकारात्मक सोच से
कर ड़ाला विनाशकारी खिलौनों का आविष्कार उपयोग जिनका भयंकर
है व्यय अति अपार बड़ा आदरणीय बना है इन भयंकर शस्त्रों का
व्यापार आदमी की सोच भले-बुरे की रस्साकशी में उलझी हुई है
करते हैं खोज उसी दिशा में फिर निर्माण में फंसी हुई है
अब कम्प्यूटर व इंटरनेट के युग ने बड़ी उत्कृष्ट सेवाएँ उपलब्ध
कराईं जैविक, शारीरिक ज्ञान और क्लोनिंग जैसी असम्भव तकनीक
बनाई ब्रह्मांड की खोज में भी लगी हुई है होड़
हर ज्ञान को उपयोगी बनाये ऐसा ज्ञान योग
सौ वर्षों की इन वैज्ञानिक खोजों ने बनाया ऐसा विश्वास
शायद आत्मा परमात्मा की सोच को भेद डालेगा विज्ञान
अब मृत्यु के बाद पुर्नजीवित करना रह गया है शेष
विज्ञान कर हर पहलु उपयोगी है सबको यही संदेश

भाषण की अविद्या

भाषा भाषण की माता होगी, भाषा से समाज की पहचान होगी
मनु महाराज ने सामाजिक व्यवस्था पर भाषण किया होगा
फिर धर्मयुद्ध पर कृष्ण ने गीता का भाषण किया होगा
पर आज स्वार्थ के वक्तव्य और भाषण की अविद्या
हाय री निष्ठुरता ये तूने क्या किया
स्वार्थ के वक्ता और भाषणकर्ता, बड़ी संख्या है तुम्हारी
बजट में हमें क्या मिला इसकी चर्चा बड़ी भारी
अपने मुँह मियाँ मिट्ठु बने ऐसी बनी विसात तुम्हारी
इसने क्या कहा उसने क्या कहा इसकी करते इंतजारी
निर्लज्ता जिनके मुख में करती है सहवास
अहंकार और कटुता का कराती है आभास
कठोरता कराती है हिंसा का प्रयास
झूठ बन जाता है फिर जीवन का न्यास
बरसता है जब अमृत तेरे मधुर कंठ से
तरसता है यह दिल सुनने को पूरे मन से
मधुरता, सभ्यता और सत्यता की बढ़ती समीपता
हमारे चाल-चलन और संस्कारों की घनिष्टता
वह जो मिथ्या भाषण करते हैं कटुता व्यवहार में लाते हैं
बुद्धिमान व चतुर दिखने का उपक्रम करते रहते हैं
राजनीति की डींगें मारते रहते हैं
हम ये कर देंगें वह कर देंगें, हमको क्या समझते हो
ऐसी फबकियाँ मारते रहते हैं
झूठी बातें, झूठे अभियोग, झूठी गवाही, झूठे निर्णय करवाते हैं

कर्मों का भार कम होता नहीं लम्बकरण बन जाते हैं
यह बोल चाल है या भाषा, सत्य ही सतविद्या है
वार्तालाप करना, भाषण करना, या चलना फिरना ही क्यों न हो
सभ्य समाज में लोगों को शालीनता से निर्वाह करना होगा
मुंह खोलने से पहले जरा सोचना होगा, विचारना होगा
जिस व्यक्ति से आप अवगत नहीं, जिस विषय पर
आपको ज्ञान नहीं उस व्यक्ति से सामाजिक सीमाओं का
और उस विषय पर सूचना से निर्वाहकरण होगा
आजकल बहुत से नेता हैं जिन्होंने क ख ग पढ़ी नहीं नाम
विद्यासागर समाज में महत्व पाते हैं क्योंकि कभी किसी कारण चुन
कर आ जाते हैं भाषण के सुधार में
शिक्षा के अलंकारों को सम्मिलित करना होगा
ऊँचे विकसित समाज की ओर अग्रसर
भाषण से अविद्या को हटाना होगा

मेरी प्रेमिकाएँ मुझे बुलाती हैं

मेरी प्रेमिकाएँ मुझे बुलाती हैं मैं उनके पास चला आता हूँ
बीच में कुछ चुडैलें अवरोध करतीं, पर मैं आगे निकल जाता हूँ
मैं ठहरा सौंदर्य प्रेमी, सौंदर्य के सागर में डूब जाता हूँ
बाहर निकलने की इच्छा नहीं फिर भी उड़ान भर लेता हूँ
सुंदर पर्वतों की ऊँची सुंदर शिखर चोटियाँ
कभी बर्फ की चादर ओढ़े, बादलों का घूँघट कर लेती हैं
मेरी सुर्यावृत्ति उसे दूर से निहार लेती है
सुंदर वन है कहीं सुंदर झाड़ियाँ
लोगों ने भी लगा रखे बाग बगीचे
कल-कल करते झरने, छल-छल बहती नदियाँ
मधुर इनकी अमृतवाणी अपनी ओर खींचें
ये शिखर चोटियों बहुत है और बहुत हैं पर्वतमालाएँ
इसीलिए प्रेमिकाएँ हैं मेरी बुलाती दामन बढ़ाए
कुछ मनचले चुडैलों के संग मेरी प्रेमिका को कहते हैं गंजी
क्योंकि जंगल कुछ नीचे रह जाते हैं जैसे सिर के सुंदर केश
सुंदर अपने मुखड़े से जब तुम अपने प्रेमी सूर्य को देखती हो
ऊपर उठता है तुम्हारा मुखड़ा जब उसके आलिंगन में खो जाती हो
दिव्य ज्योति के दर्शन कुछ साधुओं की लग्न है
ऐसी ही कुछ सुर्यावृत्ति है रहते सभी उसी में संलग्न हैं
तुम्हारे ऊपर उठे सुंदर मुखड़े, गंज नहीं चांद हैं
जंगलों जैसे तुम्हारे सुंदर बाल नीचे झूलते नाद है
मृत्यु भी इन सुंदर चोटियों की तरह है काल की बेटी

इसलिए हमारे इंतजार में बड़ी देर तक रहती है लेटी
बदलती हैं योनि, दूसरी प्रेमिकाओं की संगत पाने को
यह आवश्यक नहीं हर सुंदरी तुम्हारी प्रेमिका हो
पर्वतारोहण न कर सको तो निहारते जाओ गाते जाओ
फूलों को देखो, सूँघो, कुछ झरनों से प्यास बुझाओ
पर कुछ लोग ठहरे निर्दयी
इनसे हमारी प्रेमिकाएँ बचें हमें बुलाने को
मेरी प्रेमिकाएँ मुझे बुलाती हैं . . .

जी मैं क्या सोच रहा था

जी मैं क्या सोच रहा हूँ
तुझ से प्रीत लगाऊँ या नहीं
तू है भी या कि नहीं - जी मैं क्या सोच रहा था ?
गुजर रही थी जब तू गली से, मैं छत पर बैठा सोच रहा था
डर है तू भी हाथ न आऐगी
हाथ अगर आ गई तो फिर छूट जाएगी
इसी सोच में पल बीते, दिन निकले युग बीते
अब सांस ही छूट जाऐगी, जी मैं क्या सोच रहा था
जब तू साथ निभाने लगी,
मेरे पीछे भीड़ जमा होने लगी
सोच उनकी तुम्हें हथयाने की
मैंने भी सोच रखा है पीछे सभी को छोड़ने की
सफल न होगी उनकी चालें मुझे धमकाने की
वही हुआ जो मैं सोच रहा था
चाय पी रहा था कॉफी भी आ गई
चीनी ने भी मधुर स्वर से रौनक बढ़ाई
चारों ओर से वाह-वाह की आवाज आई
मैं उठा छोड़ी चारपाई, मोटर साईकिल दौड़ाई
हवा से बातें करती, करतल ध्वनि करती
बहुत पीछे रह गई भीड़, मैं चढ़ा वायुयान में
सोच रहा था उस सर्वद्रष्टा के बारे में
वह है भी कि नहीं, मैं क्या सोच रहा था
जी हाँ यहीं हैं मिस बिजनैस जिसके बारे में मैं सोच रहा था

हिंसक बनते जा रहे हो

हिंसा के विरुद्ध देश में शोर है, कानून भी
पर हिंसक बनते जा रहे हो
वाहन दुर्घटना, हत्या, लूटपाट, आतंक में मरते जा रहे हो
पहले भी हिंसा का विरोध हुआ था जब हमारी मानसिकता
बदली थी वैदिक काल में अहिंसा की महिमा थी
युद्ध के बाद पांडवों ने उत्तराखंड की राह ली थी, वियोग हुआ
था युद्ध से पहले अर्जुन ने हिंसा का प्रतिरोध किया था
महात्मा बुद्ध ने अहिंसा को अपना धर्म बनाया
महावीर ने भी अहिंसा से प्राणियों को जीवन दान दिया
महात्मा गांधी जी ने इसे अपना आंदोलन बनाया
अहिंसा को ही अपना धर्म बनाया
द्वितीय विश्वयुद्ध के बाद पश्चिमी देशों के बीच शांति है
पर तृतीय विश्व के देशों में कहीं-कहीं युद्ध का आतंक जारी
है हिंसा शिक्षा के अभाव में असभ्यता का प्रतीक है
भारतीय उपमहाद्वीप में हिंसा बढ़ती जा रही है
जैसे महात्मा गाँधी को रोज गाली दी जा जा रही है
फिल्में हमारी हिंसा से, पाठशालाएँ उदण्डता से परिपूर्ण हैं
संसदीय कार्यवाही में चिल्लाना, जूते, चप्पल उठाना
हमारी हिंसक वृत्ति का परिणाम है
बस में बैठो, रेलगाड़ी में चढ़ो कहीं पंक्ति लगाने की आदत
नहीं है डण्डे के भय से कहीं पंक्ति लगाई तो वहाँ भी
धक्का मुक्की के बिना आराम नहीं है

कुछ लोगों को आपने जलूसों में चिल्लाते सुना होगा
ये धक्केशाही नहीं चलेगी, गली सड़ी सरकार को एक धक्का
और दो क्या अर्थ हुए इसके, इन लोगों को आप क्या कहेंगे
हिंसक लोगों को क्या आप शेर कहेंगे
भेड़ों के झुण्ड तो हमने देखे हैं पर शेरों के नहीं
हाथी के झुण्ड भी देखे होंगे
कभी आदमी के विरुद्ध हिंसक भी हो जाते हैं
मगन होकर, पूँछ हिलाते, घास खाते, तालाब में नहाते
निश्चिंत सो जाते हैं शांति में वनस्पति और जीवों को
जीते देखा होगा पर हिंसा में कटते मरते भी देखा होगा
हिंसा की अनुपस्थिति में आपने लोगों को गाते नाचते देखा होगा
हँसते आनन्द लेते भी देखा होगा, प्रेम करते भी देखा होगा
हिंसा की सोच ठीक नहीं, हिंसक शब्दावली भी
हिंसक विचारधारा, हिंसक काण्ड अत्यंत निंदनीय है
बल प्रयोग की बुरी आदत अवांछनीय
लातों के भूत बातों से नहीं मानते ये पुरानी कहावत है
लात चलाने वालों, अगर आपकी लात टूटे
कितना कष्ट होगा यह भी कभी सोचा है
हिंसा कष्टकारी है, हिंसा में पीड़ा है
पीड़ित करने वाला भी पीड़ित हो जाता है
आज सारा समाज पीड़ित है, चिल्ला रहा है
भयभीत होकर सांस लिए जा रहा है
कब तक सभ्य बन पाओगे, कहीं महात्मा न बन जाओ
शायद ऐसा डर है
पर आत्मा कहीं दुरात्मा न बन जाए ऐसा भी डर है
डर बना हुआ है, डर हिंसा का ही प्रतीक है
डर हानि का है, चोर और मृत्यु का है
असत्य से आशंका बनी है, सत्य ही निवारण है
हिंसा त्याग कर जिएं सत्य ही आवरण है

दफ्तरी बाबू

वाह रे दफ्तरी बाबू, ये दफ्तर है या दास्तान
कहीं भूल न जाएं हम तुम्हारे यह एहसान
मछली जाल में फँसती है फँसते भी देखा है
शब्दों और आंकड़ों के जाल लिए बाबुओं को देखा
जाल में फँसी मछली को लोग खा जाते हैं
स्याही जाल वाले बाबू, लोगों का माल खा जाते हैं
हर चीज को लोग आजकल माल कहते हैं
निकाल माल, दिखा माल, ला माल, दे माल, ले माल
पूरा माल रोड़ है, क्या माल चाहिए माल पाल
सोने-चाँदी, हीरे जवाहरात को लोग माल कहते हैं
आज शराब, अफीम चरस को लोग माल कहते हैं
कुछ लोग तो नारी को भी माल कहते हैं
माल रोड़ पर चलकर लोग हो जाते हैं बेहाल
दफ्तरी बाबुओं ने कर रखा है पूरे देश को बेहाल
जी हाँ यह स्याही जाल ही है नोटों पर बना हुआ
इसके दफ्तर को रिजर्व बैंक कहते हैं
स्याही जाल में कई नुस्खे हैं नुक्ते हैं
ये नुक्ते का फेर ही था जिसनें खुदा से जुदा किया था
पर आज इन दफ्तरी नुक्तों नें हमें बेहूदा किया है
स्याही जाल से, पुलिस रिपोर्ट, जन्म मृत्यु, दफ्तर, पत्र समाचार
पहुँचे तो यह जाल बड़ा बुन लो
पटवारी, आयुक्त, सचिवों से सुप्रीम कोर्ट तक पहुँचे

वकीलों ने भी हस्ताक्षर किए, सांसदों और राष्ट्रपति ने भी
चारों ओर दफ्तर ही दफ्तर हैं, जीवन दफ्तरों की दास्तान
दफ्तरी सिफलिस में संलिप्त बाबुओं
एड्स न लाए तुम्हारी मौत का फरमान
स्याही जाल में शब्दों और आंकड़ों के फेर हैं
ये जाल ठीक से बुनो जैसे सूर्य से मिटे अंधेर है
माल ठीक से छक्को ये अमर संदेश है
ये माल का जाल है या जाल में माल
दफ्तरी बाबुओं बना न देना
इसे अनंत माया जाल

सुंदर फूल

सुंदरता के भी क्या कहने, नहीं चाहिए इसे गहने
ये कहावत सुंदर कुमारियों और नारियों के लिए होगी
सुंदरता प्रकृति की देन संतुलित मिश्रण का आवरण पहने
ऋतुओं में बसंत ज्येष्ठ हर ओर फूलों की सुगंध होगी
धरती पर नवजीवन का आरंभ सुंदर नई प्रभात होगी
चारों ओर अंकुर और प्रफुल्लित होते फूल
हमारे नेत्र की ज्योति कहती है फूल अति सुंदर हैं
वैज्ञानिक कहते हैं केवल मनुष्य ही इन रंगों को देख पाते हैं
मधुमक्खी क्या देखती है क्या सोचती होगी
फूलों का रस लेना उसके भाग्य में विधाता की देन होगी
अनेक प्रकार के फूल आज पुस्तकों के माध्यम से
देख पाते हैं बड़े-बड़े संग्रह पूरे विश्व भर से
कितने भाग्यशाली हैं हम जो वास्तव में इन फूलों को
देख पाते हैं, छू भी लेते हैं, सूँघ भी लेते हैं इन फूलों को
फूलों के आकार भिन्न हैं, रंगों के निखार भिन्न हैं
एकरूपता जो उनमें छाई है बड़ी सुंदरता पाई है
संसार सप्तरंगी है, मिश्रण और भी हैं
घुमा के देखा उस सप्तरंगी पंखे को, रंगविहीनता प्रकट हुई
ऐसी ही रंगविहीन होगी आत्मा, चक्कर खाती होगी
विभिन्न शरीरों में प्रवेशकर विभिन्न रंगों में स्थिर होगी
बाल्यकाल सुंदर है उसका जैसे सुंदर फूल
यौवन के रंग भी देखे, देख लेते हैं संसार

ऋतुओं को हर वर्ष निश्चित समय पर बदलते देखा
बसंत ऋतु तेरी सुंदर माया के अपार भण्डार
किसी के आंगन तक सीमित नहीं सुंदर रुप बहार
क्यों न खिले हम फूलों की तरह, हँसे, फलें-फूलों की तरह
कूच कर जाएं इस संसार से एक दिन फूलों की तरह

बात आगे बढ़ी

बात आगे बढ़ी, कहीं फूल हैं तो कहीं फूलों की बेल चढ़ी
जो, फूलों में पराग है, कामदेव के उपक्रमों की लड़ी
कहीं फूलों को गिरते देखा तो कहीं फलों में बदलते देखा
गिर जाता है जो फूल वह बीज अपना साथ रखता है
दूसरा उसे फल के अंदर छोड़ जाता है
प्राणी जगत इस वनस्पति से पलता है
तो कुछ प्राणी दूसरों पर पलते हैं
गिर जाते हैं सभी उस मुरझाए फूल की तरह
मिट्टी में मिल जाते हैं उस फूल की तरह
रंग भी विलीन हो जाते हैं उस सप्तरंगी पंखे की तरह
कुछ धरती से फूल के बीज की तरह फिर उत्पन्न होते हैं
कुछ खाद बनकर वनस्पति को संपन्न बनाते हैं
विचित्र लीला है, विचित्र माया है, विभिन्न रंग हैं उस चित्रकार
के फूलों में दिल या दिमाग है कि नहीं
ये सोच है लक्षण जीवन निसार के
वैज्ञानिक खोज में सूचना है सार नहीं
मस्तिष्क भेजे संवाद और लवण प्यार के
हमारी स्वार्थी सोच, मधुमक्खी से क्रूर
कर्म करवाए बलात्कार के
स्तब्ध रह जाता हूँ सुंदरता के पूरे प्रकरण से
आश्चर्य है गर्म गैस के इतने आवरण से
कुछ लोग मृत्यु को ठंडक मानते हैं

पर यहां जन्म गैस के ठण्डे होने से हुआ
पंचभूती शरीर का परिवर्तन गर्म गैस में, आग में जलाने से
हुआ मेरी चाह है फिर से सुंदर फूलों में अवतरित होने की
शरद ऋतु की ठंड हो या जीवन का पड़ाव
प्रतीक्षा रहेगी बसंत आने की
राम नाम सत्य है, फूलों की गत है
गुलाब और फूलों के संग कविता में रत है

प्रभू के नाम

प्रभु के नाम अनेक हैं काम अनन्त हैं ।
हर भाषा, हर संस्कृति हर धर्म में ।
हर व्यक्ति में हर समाज, हर देश में
हर हर महादेव बसे कई ेष में,
वेदों में, गवान का कई नामों से जाना गया
प्रार्थना में, अर्चना में कई नामों से सराहा गया
जैसे काम वैसे नाम से पुकारा गया फिर,
संगत के लिये विशेष नाम से आवाहन किया
पुराणों में ी लोगों नें अपनें आराध्य देव को
कई नामों से वि ूपित किया अवतरित किया
हर गवान को अवतार और अवतारों को गवान कह दिया
नामों की विचित्र माला बनती गई लंबे इतिहास में
नाम और ी जुड़े और धर्मों के विकास से
गवान के विरोधी को लोगों नें शैतान बताया
कण-कण में गवान, गवान को सर्वशक्तिमान बताया
गवान सर्वश्रेष्ठ हैं, सर्वव्यापक रूप गवान का
पर शैतान नें ी पीछा न छोड़ा, गवान का
उस पर कुछ लोगों नें कहा वें गवान को मानते नहीं
नहीं मानते शैतान को ऐसी चीजें हैं नहीं
कुछ और ी लोग हैं ये कहतें हैं
हम गवान को मानते नहीं, नकारते ी नहीं
अनु व हमारा अब कहता है संसार में दो ध्रुविय प्रणाली
कितनी व्यापक कितनी प्राकृतिक और कितनी निराली

प्रेम है तो घृणा है, हिंसा है तो अहिंसा
सच्चाई है तो झूठ है अच्छाई है तो बुराई
रात अंधेरी है तो दिन का उजाला
जल है तो अग्नी, सर्दी है तो गर्मी
हर बात के दो पहलू बनें हुऐ हैं
केवल संतुलन ही प्रमुख है धरती का संतुलन बना हुआ है
मानसिक संतुलन ही या लेन देन का, संसार
दो शक्तियों में बंद हुआ है सकारात्मक और
नकारात्मक या स्वर्ग और नरक
हम सकारात्मक शक्ति को ही भगवान कहेंगे
बाकी कर्मजाल और प्रकृति की माया
भगवान है पर सर्वशक्तिमान नहीं
क्योंकि शैतान का निवास यहीं
संसार चल रहा है इस ध्रुवीय गति के
और भी लोग होंगे विभिन्न मति के
भगवान प्रेम है, सत्य है, अच्छाई है
इसकी सारी रूप सुंदरता प्रकृति में समाई है
फिर भी हैरान हूँ ये अनन्त सृष्टि किसने रचाई है
बस देख रहा हूँ इस स्वर्ग को यही एक सच्चाई है
अब चिंता न कर इसकी कितनी लंबाई है
हर जीवन के बाद मृत्यु की छुट्टी दिलवाई है
तू शैतान को पुकार या प्रभु के नाम ले
प्रकृति बड़ी सुंदर है इसी को गुरु मान ले

बिजली संवाद

हैलो कोई है
अजी मामला क्या है
बिजली भाग गई
पर कहां रहती थी
अजीब बात है, हैलो बिजली भाग गई
पर किसके साथ गई है
अरे बिजली चली गई
पर कहाँ गई होगी
अरे बिजली यहाँ नहीं है
तो वहाँ होगी
तुम्हारे घर पर होगी
अजी मैं कंप्लेंट ऑफिस में
हूँ
तुम्हारा अकिल कामेंटरी वाक्स है क्या
जी सब कम्प्लीमेंटरी है
तुम्हारी कंपनी में बैटरी है
मेरे साथ बैठी है
कौन बैठी है
बिजली कनफटी
यहाँ भेजो
इतनी रात गये
तो क्या कल आयेगी
आपकी क्या लगती है
अरे हम उपभोक्ता हैं
जी मैं पूर्ण ोगी हूँ
अभिभोगी तो हम हैं
मै अ युक्त नहीं हूँ
ठीक कहा तुम उपयुक्त नही हो
जी मैं उपायुक्त ी नहीं हूँ
आखिर क्या खराबी है
बिजली शराबी नही है
तो उसका लाइन मैन होगा
जो लाईन मारती तो मैं न
होता
अरे तू न होता तो बिजली होती
होती तो अब तक ाग गई
होती
किस चोर साले से वास्ता पड़ा है
जी मैं बिजली का ाई हूँ
क्या होगा इस देश का
हाईडल प्रौजेक्ट बन रहें हैं
अरे सर के बच्चे जुबान को ताला लगा
थोड़ी लग गई है सर

तेने सर मे लग गई तो क्या मातम होगा — आधी वोल्टेज और कम होगी
जैसे देश के झण्डे मातम में आधे — ठीक कहा सर नीचे होंगे

पर यहाँ तो अण्डा ही नहीं है — डंडा तो होगा सर
डण्डा तो तुम्हारे विभाग को देना होगा — उस पर हम तार खींचेंगे
क्योंकि खम्भे नहीं है — तो बिजली नही है
तुमसे बात करनी व्यर्थ है — जो अधिकारीअसमर्थ हैं
उनके ऊपर दुराचारी है — जो जनता के शिकारी हैं
बड़ी गंदी बिमारी है इस देश में — चोर फिरे नेता के में
तुम कोई कवि लगते हो — लग जाऐ तो कविताएँ और
हैं

बिजली भी आ गई — जाती है तो आती हैं
शुभ रात्रि — शिव रात्री

ये संसद है या कूड़ादान

कुछ देर से देख रहा हूँ संसद में शोर शराबा
क्या इसी तरह निकलता रहेगा लोकतंत्र का जनाजा
हमारे सांसद बड़े नि िंक हैं क्योकि शर्म और फौज का य नही है
चिल्लाने और शोर मचाने की आदत की योग्यता का नाम नही है
धर्म और जाति पर वोट मिल जातें हैं योग्यता पर नही
भ्रष्टाचार आज हर द्वार पर दस्तक दे रहा है चाटे द्वार हो या नही
छूट जाते हैं हर ष्टाचार के अ योग से, न्यायधीश स्वप्न है
संसद में हर कुछ बोलनें के लिए सासंद स्वप्न है
देश की जनता और देश के प्रति कोई उत्तरदायित्व नहीं
चलनें, बोलने और पूरे व्यवहार में शालीनता नहीं
मर रहें हैं निपराध देश में, सैनिक सीमाओं पर
इनको ी ैंकना है एक दूसरे पर, करलता की जेब पर
संसार में सबसे बड़ा गरीब देश कौन है भारत के सिवा
बेरोजगारी और भयंकर बिमारियों से अधिक
पीड़ित कौन है भारत के लिये फिर भी
लोकतंत्र की दास्तान बनाने में हमारे सांसद व्यस्त हैं
असभ्यता के अनुरागवश, वोटों का ध्यान रखते,
अनैतिकता से ग्रस्त हैं
चंचलता में तुम्हारी अवरोध उत्पन्न करने की
उदाहरण और भी है लोकतंत्र को खोखला करने की
संविधान तो वर्ग डाला था देश के लिए नकल करके
लोकतंत्र को सफल बनाना होगा अकल करके
संसदीय सरकार प्रणाली अब देश के लिए घातक है

देश में अस्थिरता और भ्रष्टाचार की द्योतक है
परिवर्तन आवश्यक है सुधार और उन्नति के लिए
कार्यपालिका का सीधा चुनाव हो अच्छी व्यवस्था के लिए
इसलिए अब आंदोलन चलाया होगा, तभी चेतना जगाने के लिए
कुछ करना होगा देश में लोकतंत्र बचाने के लिए
सत्ता से वियोग भी दुःखदायी होता है, झल्लाहट इसकी स्पष्ट है
विरोध पक्ष का उत्तरदायित्व निभाने में असफल है
चिल्लाहट इतनी स्पष्ट है विवाद और संवाद
करने होंगे विवेकता और प्रमाण के आधार पर
सभ्य समाज में निर्णय नहीं होंगे बल और हिंसा के जोर पर
प्रश्न चिन्ह अब लग गये हैं संसदीय और शिक्षा प्रणाली पर
प्रश्न और भी हैं देश की पूरी वर्तमान व्यवस्था पर
आत्वविश्वास हमारा किया जाता है क्रिकेट का एक मैच हारने पर
रक्तचाप कितना बिगड़ जाता है समस्यायों और कुंठाओं से घिरने पर
मनोवैज्ञानिक दरिद्रता बनी हुई है हमारे दलित और भ्रमित इतिहास से
ऊपर उठना होगा अब, अच्छी शिक्षा और संस्कारों के विकास से
देश के लोगों, विधायकों और सांसदों अब होश में आओ
वेदवाणी हो या संविधानवाणी, मधुरवाणी का दंत मंजन लगाओ

प्रकृति हर चीज सुंदर लगने लगी

हमारे संस्कारों में हमारा पुर्नभास का हुआ है
हमारी सोच में एक पूर्वाग्रह बना हुआ है
कभी अच्छे नक्षत्रों का सुंदर बाग बना हुआ है
कभी बुरे ग्रहों के प्रभाव का दुराग्रह बना हुआ है
धरती पर अब मानव का साम्राज्य बना हुआ है
उसके हृदय में भगवान पर दिमाग में शैतान बना हुआ है
पर सागर में ऊपर जीवन अपने आप चला हुआ है
उधर वन्य प्राणियों और दूसरे जीवों का अस्तित्व भी बना हुआ है
कुछ प्राणी अब लुप्त होते जा रहे हैं
वनस्पति में भी कुछ परिवर्तन होते जा रहे हैं
एक समय था एक धारणा थी सृष्टि के बारे में
बहुत सी सुंदर चीजें साधारण लगती थीं
कुछ तो हमारी उत्सुकता के उस पर थीं
आज न केवल फूल बल्कि कांटें भी सुंदर लगने लगे हैं
बहुत सी फूल कांटों में उगते रहते हैं
उमर के साथ शायद हमारी सोच भी बदल जाती है
बुढ़े कुछ और भी हैं जिनकी बुद्धि विचलित हो जाती है
पर काव्य प्रेमी, साहित्य प्रेमी, प्रकृति के सौंदर्य प्रेमी
सृष्टि के उपासक, दर्शन प्रेमियों की बात ही कुछ और है
पानी की हर बूँद पर ताल, तेज वर्षा का तांडव नृत्य
बादलों की गर्जना जैसे तालियों की गड़गड़ाहट
बहती नदी वाले सुरीले सुरों की गीत गाथा

महकते पक्षी रंगबिरंगे, अनोखे स्वरों की चकचकाहट
सुंदर पक्षी शोर करते नहीं ऐसा हमने पाया
शीतल वायु प्राण लाए तीव्र गति से हिलोरी
सूर्य और चांद को निहारते रहती है चकोरी
हर वनस्पति हर प्राणी में पंच तत्व बने हुए हैं
जल धरती पर जल आकाश में जल हमारे अंदर
सूर्य की अग्नि पहुँचे धरती पर, पाचन शक्ति हमारे अंदर
धरती से धातु भी भुने हमने आवश्यकता पर
वायु हर पल, हर घड़ी घुमे प्राण बनकर
हमारी समूचि प्रकृति सुभी से बनी, सूर्य के गिर्द घूमती है
हिंदुओं को हर चीज में भगवान का समावेश होने की आस्था रहती है
इसलिए अब हर चीज सुंदर लगने लगी है

अकाल बना हुआ है

क्या-क्या न किया इस संकट को हटाने में,
फिर भी अकाल बना हुआ है निर्धनता,
बिमारी का दीर्घकाल छाया है चरित्र का अकाल आया है
रोगग्रस्त, वृद्धिहीन, मन मलिन, तन क्षीण स्वास्थ्य का
अकाल बना हुआ है सदाचार रहित,
धर्महीन संस्कार रहित शिक्षा का अकाल बना हुआ है
कर्महीन, कुंठाग्रस्त, गरिमा रहित, व्यवहार का अकाल बना हुआ है
काम क्रोध, मोह लोभ, अहंकार में आस्कत राजनीति करते फिरें
लेता श्रृगांल जैसे बहुत हैं, पर नेता का अकाल बना हुआ है
उपभोक्ता पदार्थ बहुत से है, गुणवत्ता का अकाल बना हुआ है
स्पर्धा भी बहुत है हर क्षेत्र में, विजय का अकाल बना हुआ है
क, ख, पढ़ी नहीं विद्यासागर कहलाए, ज्ञान का अकाल बना हुआ है
पढ़ लिख भी बहुत गये पर रोजगार का अकाल बना हुआ है
हिंसा, दंगा फसाद और आतंकवाद के इस काल में
बढ़ती जनसंख्या के उत्पात, वृद्धि का अकाल पड़ा हुआ है
पुलिस, कानून, मैजिस्ट्रेट, न्यायाधीश, संविधान बड़ी-बड़ी
तोंदों वाले अधिकारी क्या भूसा नहीं भरा
हमने लोकतंत्र में, पर व्यवस्था का अकाल बना हुआ है
धरती पर जलस्रोत सीमित हैं, पेयजल का अकाल बना हुआ है
सागर का जल उपयुक्त नहीं और बिजली का अकाल बना हुआ है
पूरे साल भारत में चमके सूर्य पर देश में ऊर्जा का
अकाल बना हुआ है हे अकाल
अब तुझे खाए महाकाल और हमारे सुधरे हाल

सभी बने खुशहाल न रहे कोई करे हाल और हम बने जाली माल
ईंधन के साधन चलाएं प्रदूषण के इंजन पर गन्ने पर विचार नहीं है
धन गवाए पैट्रोलियम पदार्थों के आयत पर पर्यावरण बिगाड़े विकास के
नाम पर बुद्धिहीनता आज भी छाई है, वैदिक खंड़हर बन कर
हे काल तू लौटा दें हमें हमारा वैदिक काल
आध्यात्मिक और सांस्कृतिक समृद्धि का नाम बहुत है
शौचालयों का अकाल बना हुआ है

प्रकाश की ओर

चार तत्व जुड़े है जीवन की बनाने में
सभी आवश्यक है जीवन को चलाने में
हमने प्राण का पाँचवा तत्व माना है
आत्मा भी बल जाती है अतिथि बन कर
आत्मा और प्राण का संबंध घनिष्ठ है
प्राण के बिना शरीर का अनिष्ठ है
प्रकृति हमारी सूर्य से बनी सूर्य के गिर्द घूमती है
इसलिए हर वनस्पति सूर्य की और मुख करती है
प्रकृति की एक नियति है सभी का एक निर्वाह
गर्म गैस के गोले से क्या-क्या न बना इसकी सीमा अथाह
वनस्पति की तरह ही हर प्राणी प्रकाश की और
मुख करके जीता है, चलता है देखता है
अंधेरे में हाथ पांव मारने से लाभ नहीं
आराम से सो जाना स्वास्थय लाभ यही
प्रकाश के आते जाग जाना जीवत क्रम चलाने को
प्राण छूटते ही सो जाना एक ओर जीवन पाने को
जब तक जीव है तो नियम है धर्म है
यहीं शरीर धर्मक्षेत्र है कुरुक्षेत्र है
यही शरीर सबसे सुंदर सबसे धाप है
न चाह कर भी कभी अनिष्ठ हो जाता है
इस अंधकार को मिटाने का हम प्रयास करते हैं
प्रकाश की ओर उपक्रम करते प्रतीक्षा करते हैं
पदार्थ और आध्यात्म का भेद आरम्भ हो जाता है

एक स्पर्धा इसमें विवेक उत्पन्न हो जाता है
फिर लौट के वही प्रकाश सूर्य पहुँच जाता है
पदार्थ और प्रकाश उसी सूर्य की संतान है
संतान का माता पिता से प्रेम सहयोग, प्रकृति की महिमा है
इसीलिए सब प्राणियों में प्रकाश की चाह सूर्य की गरिमा है
प्रकाश की चाह में कुछ लोग भ्रमण करते देखें होंगे
शरीर की तपोवन वनति देखे होंगे सोने की मलीनता
पिघलाने से दूर होती है हमारी अहंकार से निवृत्ति प्रकाश से होती है
धरती पर कहीं ठंड तो कहीं बड़ी गर्मी विभिन्न ऋतुओं में तापमान में
असमान नमी इस असंतुलन और विविधता को देखा होगा
किसी की धन प्राप्ति और किसी को काम में संलग्न देखा होगा
किसी को कुएँ से पानी निकालने तो किसी को पहाड़ पर भढ़ते देखा
होगा हम देखते हैं आँख से, आँख की ज्योति से
बिना ज्योति के अंधा, एक आँख का काना
दो आँखों वाले आम बात है फिर
तीसरी आँख वाले को आप क्या कहेंगें
उसे दीवाना कहेंगें या शाह का परवाना कहेंगें
जो हो बीच में कुछ है, कुछ है तो सब कुछ है
जैसे बीच में सृष्टि है जीवन है
दो कान बाहर हैं, सुनते हम अंदर हैं
दो हाथों के बीच क्या कुछ नहीं होता
दो टांगों के बीच भी कुछ है उसके लिए हम क्या नहीं करते
दो आंखों के बीच भी कुछ होगा, यह तीसरी आँख का प्रकाश होगा
पृथ्वी के सूर्य से दूर सूर्य से गिर्द अपना संतुलन बनाया है
तो कुछ लोग दो आंखों के बीच अपना संतुलन खोजते हैं
दिव्य ज्याति की चाह में, प्रकाश की राह खोजते हैं

पुराने डकार

जी इस विषय में आप संबंधित अधिकारी से मिलिए
अधिकारी से मिलने पर
जी आप कोई जन प्रतिनिधी हैं
जी मैं समझा नहीं
जी आप कौन हैं-प्रधान या विधायक
जी प्रधान तो क्या प्रधानमंत्री की योग्यता रखता हूँ
तो क्या आप सांसद हैं
बन सकता हूँ
तो आप कोई जनप्रतिनिधी नहीं हैं
तो आप हमारी बात नहीं सुनेंगे
हमें आदेश है कि केवल सत्तापक्ष की बात सुनी जाये
हम तो जनता हैं
जनसेवा हमारा भी काम है
तो कठिनाई क्या है?
वही पुरानी बीमारी
ईलाज नहीं करवाया?
वही पुराने डाक्टर
वही पुराने नुस्खे और डकार
तभी बजी घंटी कौन की
मंत्री जी होंगे
हाँ गृहमंत्री जी हैं
क्या कहते हैं
कुछ खाओगे तो डकार आएंगे

यानि आपका लंच टाईम (दोपहर भोज)
जो कभी रात्रिभोज में बदल जाता है
फिर प्रीतिभोज फिर और डकार?
इसलिए जनता की सुनवाई कठिन हो जाती है
बड़ी निराशा हुई आपसे मिलकर
`ऐसी बात नहीं है आप आते रहिए
और डकार भी आते रहेंगें

राजनीति के मोहरे

देश में अब हो चला है राजनीति का ध्रुवीकरण
एक और भगवाकरण वाले हैं दूसरी और खड़े लम्बकरण
सोनियाजी से पूछो तुम्हारा इस देश से क्या संबंध है
कहेंगीं औरों की तरह राजनीति से परिवार पोषण का अनुबंध है
लोकतंत्र अर अब छाई राजनीति की विडम्बना है
न रही लोक लाज, लुप्त हुई पद गरिमा है
दानवों और पिशाचों के मलेछ नीति अपनाई है
परिवारवादी भ्रष्टाचारियों की चारो ओर बन आई है
पचपन वर्षों में न निपट सके कपटी पाकिस्तान से
अब मित्रता बढ़ाने लगे हैं उसे आका के कब्रिस्तान से
तीस सालों तक गांधी संघर्ष स्वतंत्रता का चलाते हैं
जिसे अंग्रेजों ने फांसी न लगाई उसे हम गोली मारते हैं
इधर साम्यवादियों ने भी अपनी विचारधारा को कही है विदाई
समाजवादियों ने धर्म निरपेक्षता के नाम पर आर्थिक नीति है बनाई
सांप्रदायिकता, क्षेत्रीयता और जातीयता की आग भड़काएं
बहुमत देश का दलित है पीड़ित है पर संकीर्णता को अपनाए
रबड़ स्टैम्प का अनुवाद बिहार में राबड़ी देवी से हुआ
रबड़ की मौहरें और भी हैं फर्क केवल नामों से हुआ
भ्रष्टाचार के आरोप भी निराले हैं और प्रक्रिया भी
प्रतिक्रिया सुप्रीम कोर्ट की भी होगी
जमानत होते नहीं मुक्त कर देते हैं
प्रमाण हो न हों केस ले लेते हैं

पूरे देश की मानसिकता पर स्वार्थ और अपराध के बादल है छाए
उदासीनता और उदण्ड़ता नित नये नाम दिखाए
धर्मावलम्बियों को हमारी समस्यायों की चिंता नहीं
हमें उकसा कर बना डालेंगें हमारी चिता यहीं
राजनीति का व्यक्तिकरण, परिवात्करण हो या विदेशीकरण
जातिकरण, क्षेत्रीयकरण करो चाहे करो अंतर्राष्ट्रीयकरण
राष्ट्रीकरण भी बात करते समस्यायें ही न हुइ
तो राजनीति के मोहरों को लोग कहेंगे लम्बकरण

सुप्रीम कोर्ट

एक धारणा रही है केवल भगवान ही सुप्रीम है
अमेरिका की तरह भारत में भी सुप्रीम कोर्ट बनी
अब यह कोर्ट सुप्रीम है या भगवान की न्यायवादिता
हिंदुओं में धर्मराज को दरबार में सुप्रीम कोर्ट के जज भी पेश होंगे
एक नकल धार्मिक है दूसरा कानूनी
गड़बड़ दोनों में बड़ी भारी है जैसी परिवारों का पेट भारी है
आपको समाज स्वतंत्र नहीं होनें देता इन न्यायधीशों से
पुलिस वकील के हमसफर न्यायधीशों से
स्वछन्दता, चंचलता कवियों में, स्वतंत्रता की परि ाषा संविधान में
व्यवहारिक स्वतंत्रता हमारी पंछी है सामाजिक सीमा में
न्यायधिकरण और न्यायधीश होनी सुझे नाही
समय और धन बर्बाद करके ी कोई त्याग पावत नाही
प्रमाण हो न केस ले लेते हैं, जमानत देते नही मुक्त काट लेते हैं
इस प्रताड़ना से पीड़ित निर्दोष धन्यवाद कह के चल देते हैं
देश में कारण ही जानना कठिन है क्योंकी अनर्णित कानून है
किसी केस में न्याय मिलना और भी कठिन क्योंकी बहुत ही केस हैं
माना कि कानून की अनमेज्ञता कोई बहाना नही
पर कानून की तर्कसंगता तो होनी ही चाहिये
नियम और न्याय दो शब्द हैं इस सामाजिक दास्तान के
न्याय शब्द निराला है न्याय मिलना कठिन है
हत्या में हत्यारे को सजा पाऐ जानें पर हत जीवित नही होता
ब्लात्कारी तो छूट जाते हैं कुमारत्व वापस नही होता

यह केवल नकारात्मक नियंत्रण है उपक्रम भय दिखानें के
राज्य और कानून का भय, अब आतंकवाद का डर
सभ्य समाज में नियमों का पालन स्वच्छता
से हो तो धर्मराज का क्या डर
लोग न्याय प्रणाली का प्रयोग न्याय नही स्वार्थसिद्धियों के लिए करते हैं
न्यायाधीश भी बन जाते हैं फैसले सुनाते, पर न्याय नहीं कर पाते हैं
न्याय किसी को मिलता तो लोग रोज न्यायालय में जाते
न्यायालय में खड़ा करने की धमकियों से नहीं डरते
न्यायालय में खड़ा होने से अपने को अपमानित न समझते
झूठी गवाही, झूठे प्रमाण प्रस्तुत नहीं करते
पर लोग मानते हैं सब कुछ चल रहा है
एक रोगी की जांच उपचार से पहले होती है
पर न्यायालयों में सच नहीं धौंस चलती है
इसलिए आज लोग कानून की परवाह नहीं करते
साधारण सामाजिक औपचारिकता कमीज की कमीज नहीं पहनते
पंक्तिबद्य होने की जगह, धक्के-मुक्के और कत्ल तक करते हैं
क्योंकि न्यायप्रणाली इस देश में सम्मानित नहीं है
जैसे संसद में हंगामा वैसे पूरे देश में पजामा
छल और वल से लोग सुप्रीम कोर्ट तक पहुँच जाते हैं
सच्चाई गरीबों की कठिन बनी हुई है
सच्चाई की राह असमान दिखने लगी है
तो दूसरी सुप्रीम कोर्ट होगी, अज्ञात स्थान पर
प्रकृति के नियम, भगवान का डंडा, धर्मराज का हथकण्डा
भव मंदिर-मस्जिद विवाद में सुप्रीम कोर्ट मे क्या होगा
धर्मराज या अल्लाह से बड़ा क्या सुप्रीम कोर्ट होगा
बाबर की बर्बरता का अंजाम क्या होगा
मर्यादा पुरुषोत्तम राम का निर्णय क्या नौटंकी से होगा

छल और कपट को भगवान कहे उस देश का अंजाम क्या होगा
हेरा-फेरी जिस देश में नियम हो वहां न्याय क्या होगा
इस नियम में पैदा हुए हमारे सांसद और न्यायाधीश
फले-फूले बड़े-बड़े तौंदों वाले बनके क्या होगा
प्रश्न और भी है इस देश की न्याय व्यवस्था पर
उत्तर उपलब्ध नहीं देश का स्वस्थय विभाग है
बिमारी सुप्रीम कोर्ट तक पहुँची तो आश्चर्य क्या होगा
न्याय व्यवस्था में सुधार, क्या हमारा अगला नारा होगा

कठिन शब्द

हर भाषा में कुछ शब्द ऐसे होते हैं
जिनका अनुवाद कठिन होता है
फिर ऐसे मुहावरे और लोकोक्तियाँ भी होती है
जिनका लगाव संस्कृति से होता है
काश हर पुरुष मुहावरा होता हर नारा लोकोक्ति
ऐसे परिधान में उस समाज की दशा क्या होती
शब्दों का अनुवाद कठिन बना हुआ है
गोली हथगोली चलाना सरल हो रहा है
शब्दों का सरल सहज अनुवाद स्वाभाव से होगा
गालियाँ चुभती नहीं एटम बम चल जाए तो समाधान क्या होगा
समस्यायें और भी हैं तो समाधान भी होंगे
हल न कर पाओ तो भूल जाओ या कहीं विचार करेंगें
अच्छी शिक्षा से अगर देश बनता
मुहावरे और लाकोक्तियों का निवास होता
कविताएं और भी होती, कवि और भी हो
हिंसा, प्रतिहिंसा में गोति न खाते
कुशल विधायक और सभ्य सांसद होते
प्रेम, बुद्धिमत्ता, शालीनता हमारे परिधान होते
संसार में उपहास का विषय न होती
चिल्लाने डींगें मरने से संस्कृति समृद्ध न होगी
राष्ट्रीय मार्ग पर अवरोध, खड़ा करने से
वाहनों, यातायात की समस्या हल हो जायेगी
शासन के अनुसरण को अनुशासन कहते हैं

कठिन शब्द लगता है भारतीय संसद और विधान सभाओं में
हर व्यक्ति, हर परिवार से लेकर जनसभाओं में
शासन नाम की चीज नहीं तो अनुशासन क्या होगा
अनुशासन विकसित देशों में विकास की कुंजी है
कठिन शब्द की सरल अनुवाद अब करना ही होगा

भविष्य डरावना है

जी हाँ बहुत सपने दिखाए जा रहे हैं विश्वीकरण के नाम पर
माना कि विश्व व्यापार सम्मेलन दोहा,
मुहावरा न बना उनकी तरज पर
यह भी मान लूँ कि कुछ सुधार हुआ देश की विदेश नीति पर
कुछ प्रशंसा भी कर दूँ उपनिवेश और अर्थनीति पर
पर सच तो यह है कि हमारी दशा दिन प्रतिदिन बिगडती जा रही है
फिर भी हमें डींगें मारने की इच्छा हो रही है
देश का वर्तमान अंधेरा, भविष्य डरावना है
हाथ मोड़ कर खड़े रहना, शून्य में घूरना भयावना है
भारत देश में नारा लगा मेरा देश महान
लोग कहते हैं ९९ प्रतिशत बेईमान
रोजगारी की बात आती है, ७० लाख युवाओं की हर साल छकाती है
करोड़ों बेरोजगारों की गिनती बनी है, बूढ़े भी हो चले रोजगार की
प्रतीक्षा में
आज की युवा पीढ़ी पर तरस खाता हूँ
दिशाहीन, असहाय आशारहित शून्य में झांकती है
बड़ी पीड़ा होती है इन्हें देखकर
इनकी बहुमूल्यता को कोई आंख न आंकती है
बड़े-बड़े उपचार बने हर बीमारी के, केवल धनाढ़्य लोगों के लिए
९० प्रतिशत भारतीय कुत्ते की मौत मरते हैं, साधन उपलब्ध नये
उपचार के लिए पाठशालाओं की दशा शोचनीय,
बेकारी और बीमारी का आलम छाया है
कंम्प्यूटर, इंटरनेट, मोबाईल फोन पर बहुमत दर्शक दीर्घा में बैठा है

आबादी देश की भयंकर गतिशील, भयंकर परिणाम होंगे
पाक भी स्पर्धा में आगे हिंसा से समाधान न होंगे
मशीनीकरण से रोजगार घट रहा है प्रदुषण बढ़ रहा है
लवण वाली, रासायनिक खाद और दवाई से अन्न बिगड़ रहा है
स्वास्थय बिगड़ेगा ही, मनोवृत्ति, मनोदशा योगियों की भी
बुरे से बुरे समाचार, आगे-पीछे, आस-पास, परमाणु युद्ध का खतरा
यह बढ़ती आबादी का परिणाम, भूमंडलीय प्रलय का कारण होगा
अपराध, खून खराबा युद्ध का, गृहयुद्ध अगर हो जाये तो आश्चर्य न होगा
विश्वीकरण की दौड़ में हम अपने जीवन के महत्वपूर्ण पहलुओं से
विमुख होते जा रहे हैं, मैड़ल में मिलते नहीं विश्व प्रतियोगिताओं से
सांस्कृतिक धरोहर और मर्यादा की तिलांजली देना
एक सुंदर भवन की नींव को उखाड़ने के समकर होगा
हताश भी हो जाता हूँ भविष्य की सोच पर
भागने से भी, छुपने से भी, स्वनिंदा का तर्ज पर
हमारा वर्तमान निंदनीय बना हुआ है भविष्य डरावना
प्रलय की आवाहन किये बिना, राख होने से पहले
बुद्धिहीनता से बचाव हो सकता है विकास हो सकता है
वर्तमान में सुधान की नींव रखने से ही
सुंदर भविष्य का निर्माण हो सकता है

आगे आना ही होगा

पूछते हो अगर हमसे हमें क्या करना होगा
बलिदान की मांग नहीं समझदारी से काम लेना होगा
आंदोलन का आवरण तो लेना ही होगा
काम कठिन न होगा अच्छा नेतृत्व बनना होगा
खड़े तालाब को प्रवाह देना होगा, आगे आना ही होगा
सबसे पहले बढ़ती जनसंख्या पर कानून बनाना होगा
मूलभूत मानवाधिकारों की सुरक्षा का इंतजाम करना होगा
अनिवार्य निःशुल्क शिक्षा शुभ आचरण का प्रबंध करना होगा
भ्रष्ट संसदीय प्रणाली को बदलना होगा
प्राणहीन न्यायिक व्यवस्था को तर्कसंगत बनाना होगा
उपभोक्ता वस्तुओं की गुणवत्ता में सुधार लाना होगा
देश की सुरक्षा नीति को कार्यशील करना होगा
भ्रष्टाचार और प्रदुषण को हटाना होगा
सभी चेतनाशील लोगों को अब आगे आना होगा
बताए देता हूँ इस आंदोलन का स्वरूप क्या होगा
आंदोलन का नाम नवरंग मार्ग होगा
आम जनता को कोई कष्ट न होगा
बदलाव विरोधियों को भी कोई नुकसान न होगा
केवल दो सप्ताह के आंदोलन से जब तय होगा
अंधेरगर्दी, गरीबी, बिमारी, निराशा और गंदगी का अंत होगा
एक नये भारत के निर्माण का भाग्योदय होगा
न कोई हड़ताल, न चले गोली, न कोई बम फटेगा

जलूस, जनसभाओं, संवाद से आंदोलन प्रचण्ड होगा
संसद को मनवाने का प्रयत्न होगा
क्योंकि नयी व्यवस्था का कानून बनाना होगा
मानें तो वाह भला न माने तो आंदोलन होगा
आम जनता को फिर भी कोई कष्ट न होगा
केवल कार सेवा, विमान सेवा, वातानुकूलित रेल सेवा
को बंद करना होगा, आपको आगे आना होगा
नया नेतृत्व बनाना होगा, इस देश की
Elite को दीर्घनिद्रा से जगाना होगा
तभी देशभारत का नवनिर्माण होगा आपको आगे आना होगा
देश को विकासशील कहने से बिछड़े मन का अंत न होगा
अपराध, आतंकवाद सुरक्षानीति से समाप्त होगा
भ्रष्टाचार की टट्टी, प्रदूषण की भट्ठी पर लगाम होगा
कार्यकारिणी का सीधा चुनाव, स्थिर सरकार का अनुरूप होगा
न्यायालयों की कार्यशैली में सुधार से उत्तरदायी न्याय होगा
रोजगार या भत्ते का प्रबंध नये विकास से होगा
प्रकृतिक विपदाओं, और ऊर्जा की कमी से निपटना होगा
कार्यक्रम और भी हैं आपको आगे आना होगा

कामदेव सृष्टि वाले

देवों में महादेव प्रमुख हैं
कामदेव से कौन विमुख है
हर प्राणी हर जीव हर फूल-वनस्पति
कामदेव के प्रवाह में उछलते तैरते
उड़ते जुड़ते जाते हैं कामवश
सृष्टि की जीव संरचना वृद्धि और बढ़ोत्तरी
कामदेव से होती है
कामदेव भस्म हो जाए तीसरी आंख से
महादेव की आंख हो या हमारी तुम्हारी
संपूर्ण सृष्टि हल हो जाएगी कामदेव की अनुपस्थिति में
कामसुत्र पढ़िये या फ्रॉइड के विचार
ओशो से जानो या सैक्स शिक्षा से पहचानो
कामदेव हर प्राणी में हर जंतु में
हर देश में हर भेस में हमारे जीवन का अभिन्न अंग है
जीवन संभव नहीं कामदेव के बिना
जीवन बिना कुछ भी संभव नहीं
किसी जीव की मौत के साथ
उसका कामदेव भले ही मृत हो जाए
पर हर जीवितप्राणी वनस्पति में कामदेव
बने रहते हैं बने रहें
कामदेव का विरोध करना प्राकृतिक नहीं है
आध्यात्मिक भी नहीं
क्योंकि सृष्टि की संरचना और चलन कामदेव से हुआ और होगा

पंचतत्वों के बाद सबसे महत्वपूर्ण तत्व कामदेव होगा
वासना कामदेव की प्रवृत्ति है, स्वास्थ्य हमारी मुख्य मनोवृत्ति है
योग हर दुःख से निवृत्ति है
इसलिए कामदेव से बड़े महादेव है चढ़े
दोनो जप एक सिद्धी के दो सितारे
दो का अंक बड़ा सामंजस्यपूर्ण है
नर और नारी एक दूसरे के पूरक हैं
रूप और प्रतिरूप हर और हरि
सच्चा झूठा, अच्छा-बुरा, रात-दिन, सुबह-शाम
जैसे हमसफर उस कामदेव से जुड़े दो लिंगों की
चालू कथा है कथा और चलती रहेग
पहले काम फिर देव, कामदेव शब्द का संन्धिच्छेद है
काम से आरंभ, देव पर अंत है, जवानी में प्रचंड, बुढ़ापे में अक्षम
इसलिए काम से कारोबार, रिश्ते संबंध
पेट पूजा, तन पूजा, मन भूला मन लगा
जीवन के इस राग अनुराग में
कामदेव से सृष्टि ही महादेव के अंग हैं
हम चल रहे हैं सभी उसी के संग हैं
आदरणीय कामदेव जो आप न होते तो क्या होता
संसार का स्वरूप क्या जीवनहीन ग्रहों जैसा होता

तथ्य क्या हैं, सच क्या है

तथ्य क्या हैं, सच क्या है
कर्म वाक से मामला और पेचीदा हुआ
पूरे देश के सामने दिन दहाड़े कत्ल हुआ
जज ने प्रमाण के अभाव में दोषी को मुक्त किया
इसे हत्या कहो या कत्ल मामला गंभीर है
पुलिस से लोगों का विश्वास उठ गया है
न्यायाधीशों से पूरी न्यायायिक व्यवस्था से
दिनचर्या में एक दूसरे से विश्वास उठ गया है
आज के लोगों को, अपने स्वार्थ परम सुखदायी लगते हैं
क्षणिक सुख के लिए लंबे हितों को तिलांजली देते हैं
जेब गर्म या मुट्ठी गर्म इसमें क्या शर्म
नियम और धर्म छोड़कर स्वाद दें दुष्कर्म
पुलिसकर्मी, न्यायकर्मी, डाक्टर जैसे प्रमाणकर्मी
जेब गर्म होते ही तथ्य बदल देते हैं सच छुपा लेते हैं
वकील और जज गपशप में सच का स्वरूप बदल देते हैं
यह बात सारा समाज जानता है, बच्चे भी जानने लगे हैं
अपर्याप्त न्यायिक व्यवस्था के चलते गुजरात जैसे हादसे होने लगे हैं
सच्चाई हमें फिर भी प्यारी है पर कौन सी दिशा में जाने लगे हैं
सच क्या है, तथ्य क्या हैं, तोड़-मरोड़कर बनी पहेली क्या है
जिस समाज में, संबंध में, घर में असुरक्षा हो वह हवेली क्या है
यह झूठ का आतंक कब तक चलता रहेगा
एक सभ्य समाज में जीने की चाह क्या सपना ही रहेगा

सत्य को भगवान की राह कहें या सभ्य समाज का धर्म
सत्य केवल आध्यात्मिक नहीं है यह वैज्ञानिक खोज का कर्म
भगवान और विज्ञान का विरोध करने वाले हैं बड़े बेशर्म
दिये तले तो अंधेरा होता ही है
सत्य के अभाव में झूठ का बसेरा होता ही है

यह काल है

तेरी यह चंचलता कभी समां बांध देती है
गंभीरता को त्यागकर शोखियों की उड़ान भर देती है
किसी की मौत में हमें दुःख होता है, गंभीर भी हो जाते हैं
पर चलते-फिरते, उठते-बैठते फिर व्यंग्य में लग जाते हैं
उर्दु में कहेंगे हमने अपने-अपने शौक इजाद किये हैं
बेढंगे शौकीनों ने कई घर, कई लोग बर्बाद किये हैं
पर देवनागरी अभी तक न बसा पाई है देवनगरी
अंग्रेजी और पश्चिमीकरण के आलाप में हर चीज बनी है नकली
दोष अंग्रेजों का नहीं हमारे शौकिया मिजाज का है
अपनी आर्युवेद का ज्ञान नहीं मजबूरी ऐलोपैथी इलाज का है
हमने कई भाषाऐं सीखी हैं, कई पुस्तकें लिखी हैं
पुराने-नये संस्कारों से, कई विषयों में रूचि रखी है
समयानुसार ही बदलाव आ रहे होंगे हमारे शौक, लगाव बदल रहे
होंगे नया कुछ भी नहीं, पर बहुत से आविष्कार नये लग रहे होंगे
इन नये आविष्कारों की वस्तुऐं नये संस्कारों में बदल रही हैं
आधुनिकीकरण के दीवाने उपभोग के प्रेमी होने लगे हैं
इसलिए प्रेमिकाएँ और भी हैं, दीवाने और भी होंगे
उड़ान भर न सको इन पक्षियों की तरह
वायुयान में बैठ सकते हो पूरी धूरी का भ्रमण कर सकते हो कर लो
कल्पना की उड़ान में पीछे छोड़ जाओ हर पक्षी, हर यान को
सृष्टि की कृति को समझ सकते हो, कर्ता तुम हो या न हो
प्रेम और लगाव बहुत चीजों से तुम्हारे स्वभाव से हो

यह हमारी चंचलता ही है जो आनंद देती है
हर पदार्थ और विषय में जिज्ञासा बनाये रखती है
गंभीरता भी आवश्यक है आचरण के सुधार में
कितने गंवार हैं वो जो गल्ती का एहसास करवाने पर
सुधार की बजाय बत्तीसी निकाल कर हँस देते हैं
सोचता हूँ कभी आखिर विभिन्न लोगों के विभिन्न मौकों पर
अलग-अलग विचार और अलग-अलग व्यवहार क्यों होते हैं
तभी यह याद भी आती है कुछ दार्शनिकों की बातों पर
जो कहते थे वक्त ही बलवान है
वक्त ही सब कुछ करवाता है
वक्त-वक्त की बात है, कभी कैसा वक्त
कभी ऐसा वक्त, कभी वैसा वक्त
जैसे वक्त में जैसे लोग पैदा होते हैं, जैसे वक्त में जीते हैं
उससे ही वे गंवार या होशियार कहलाते हैं
जी हाँ, वक्त को हिंदी में काल कहते हैं
काल की तो अनोखी असीमित चाल है
चंचलता या गंभीरता तो छोटा सा सवाल है
अतः मानना होगा जो है सो है वही काल है

अब और उपहास न उड़ाओ

हमारी उपहास उड़ाने की क्षमता भी बड़ी निराली है
गिर जाता जब कोई केले के छिलके पर फिसलकर
चिल्लाता है जब कोई मधुमक्खी के काटने पर
हम बड़ी लापरवाही से हँस देते हैं बत्तीसी निकालकर
इतना ही काफी नहीं अनुमोदन भी करते हैं दूसरों की व्यथा पर
हमारे संसदीय लोकतंत्र ने जनता को पथभ्रष्ट कर दिया है
वोट की राजनीति ने हर चीज को उपहास का विषय बना दिया है
कुछ गरीबी हटाओ के नारे से गरीबों का उपहास करते हैं
कुछ धर्म के नाम पर हिंसा करके भगवान का उपहास करते हैं
वर्ग संघर्ष के नाम पर भी मानवता का उपहास होता रहा
कानून के नाम पर भी न्याय का उपहास चल रहा है
अब धर्म निरपेक्षता के नाम पर पूरे देश का उपहास हो रहा है
एटम बम बनाने के बाद भी हमारा संसार में उपहास हो रहा है
देश की राजधानी में, कनाट प्लेस के चौराहों पर
बिना टांग के भिखारी, तपती धूप में सड़क पर
कारों में दौड़ते सेठों से निर्वाह की भीख मांगकर
जनपथ के फुटपाथों पर बैठे कोढ़ी, अपाहिज अपंग
ये पुल के नीचे सड़क पर सोने वाले हजारों बेसहारा
क्या इस देश का उपहास उड़ाने वालों में हैं
देश के सबसे महंगे अस्पताल का विज्ञापन
हर व्यक्ति की क्षमता में इलाज उपलब्ध करा देंगें
हमारी व्यथा का उपहास करने में व्यस्त हैं

ऐसे ही नारे वैश्वीकरण वालों ने छोड़ रखे हैं
नारों और ईशारों के धुरंधर खिलाड़ियों
भ्रष्टाचार की टट्टी में नाक तक डूबे नेताओं
लोगों की मजबूरी से खिलवाड़ करने वाले शैतानों
धोखाधड़ी से पेट भरने वाले पिशाचों
कब तक तुम्हें छूट रहेगी
हमारी व्यथा पर उपहास करने की

तरस रहे हो

भूख लगे तो खाने की याद आती है
प्यास लगे तो पानी की याद आती है
ठंड़ लगे तो आग की याद आती है
गर्मी तो इस देश में छाई ही रहती है
ठण्डे पेय, ठण्ड़ी वातानुकूलित सेवाएँ उपलब्ध हैं
कुछ लोगों के लिए बाकी इन उपकरणों के लिए तरस रहे हैं
कुछ रोजगार के लिए तरस रहे हैं
कुछ शादी विवाह में संतान के लिए तरस रहे हैं
तो कुछ धनवान, लोकप्रिय होने को तरस रहे हैं
स्वार्थसिध्दी के लिए नेतागिरी को तरस रहे हैं
कुछ सिरफिरे प्रभु दर्शन को तरस रहे हैं
बस तरस रहे हैं कुछ इस तरह सब प्राणी
रात न होती, नींद न होती, तो हमारी दशा क्या होती
वर्षा न होती, सूखा पड़े तो वर्षा के लिए तरस जाते हैं
भारी बरसात हो तो सूर्य के लिए तरस जाते हैं
प्राकृतिक विपदा पड़े या दुर्घटना हो जाए
ये तरसता जीवन और दुःखदायी हो जाए
तो काल ही मरहमपट्‌टी बन जाए
जी हाँ पानी पीकर खाना खाकर हम सो जाएँ
तरसते हम रहते हैं तरसते और भी होंगें
काल के इस चक्र में नींद न होती रात न होती तो हमारी दशा क्या
होती अभी तक तो हमारी तरस प्राकृतिक स्थिति तक सीमित रही

तो उनके प्राकृतिक उपाय भी रहें
अब वातावरण में प्रदुषण को है लाए
पर्यावरण के सुधार को जी तरस जाए
आर्य जाति की प्रकृति की उपासना आरंभ की जाए
ये उद्योगिकी प्रदुषण फैलाती जाए
तो हम सभी शुद्ध वायु, पानी, भोजन को तरस जाएं
अब तरस रहे हैं कुछ लोग
कल तरसेंगें और लोग
जब तरसेंगें सभी लोग
बहुत देर हो चुकी होगी
वह रात, वह नींद भी प्रदूषित हो चुकी होगी
तरसते हम आज रहते हैं
तो उस समय हमारी क्या दशा होगी

नकारे समाचार

एक यह भी बड़ी बीमारी है
न्यूज का अर्थ चारों दिशाओं से समझा
समाचार में चार शब्द और चार अक्षर
चारों दिशाओं में क्या समां बांध रहे हो
आम अर्थ समाचार का लगा रहे हो
लेकिन समाचार कुछ सालों से नकारे बनते जा रहे हैं
क्योंकि नकारात्मक समाचार ही छाए रहते हैं
कितने मरे, कितनी चोरियाँ, कितने बलात्कार हुए
कितने कत्ल, आतंकवाद सांप्रदायिक दंगों में मरे
कितनी बसों और दूसरे वाहनों से मरे
हेराफेरी और भ्रष्टाचार के कैसे व्यापार हुए
आगजनी, भूकंप, बाढ़, तूफान में कितने तबाह हुए
फिर कहाँ बीमारी फैली कैसे जीवन से लाचार हुए
अगर यह काफी नहीं तो राजनीतिक प्राणियों में क्या भाषण हुए
कितनी वे सिर बेपैर की बातें कहीं
कीचड़ में क्या-कया उवाल हुए
समाचार हमारे देश में, पाकिस्तान, अमेरिका और पश्चिमी देशों से
आए अक्सर हमारे माध्यमों में रहते हैं छाए
पर भारत जैसे बड़े देश का वहाँ समाचार कोई न बताए
तभी उन्हें विचार आता है यहाँ कितने दंगे हुए, फसाद हुए
अनेक बुद्धिमान, महान व्यक्ति है, विकास के कार्य है संसार में
पर उनकी खबर भी तभी आती है जब वे यहाँ से कूच कर जायें

सुंदर समागम हो रहे हैं, पर यह बात हम तक कौन पहुँचाए
सुंदर कलाकृतियाँ, सांस्कृतिक, आध्यात्मिक घटनाओं की खबर कौन
लाए उन्हें तो केवल प्रतिक्रिया चाहिये लोगों की
ढूँढ़ते लोग समाचारपत्र ले लेते हैं
नकारे समाचारों से पन्ने सारे भर देते हैं
नकारे समाचारों के रहते, चलते, नकारे विचार घेर लेते हैं
इस नकारात्मक आचरण से नकारे लोग बन जाते हैं
इस ईक्किसवीं सदी के आरंभ में
पाँच दशकों की स्वतंत्रता, के बाद, हम कहाँ तक पहुँचा पाए
कौन सा समां बाँध पाए
शुभ समाचारों की प्रतीक्षा में कितने युग बिताए

अनुशासन और उत्साह

अनुसरण शासन का कहलाता अनुशासन है
शासन हो राजा का हो या धर्म का राज्य आज जनतंत्र है
हमारे रीति-रिवाज, हमारी शिक्षा और आचरण
हमारा व्यापार, यातायात, वाहन और वायुयान
हमारी पुलिस, फौज और नीति नियम
संसद, न्यायालय, अर्थजगत, कला और मनोरंजन
सभी कुछ चलाने की एक कार्यशैली बनी है
हमारे शरीर, सभी जीवों की, प्रकृति से कार्यशैली बनी है
ऋतुओं की भी रात दिन की तरह एक गति बनी है
ऐसा होगा वैसा होगा, हमारी एक अपेक्षा बनी हुई है
इधर कुछ दिनों से ऋतुओं में कुछ बदलाव आ रहा है
गर्मी अधिक तो शीत का अभाव चल रहा है
वर्षा कम, बर्फ कम तो पानी का बहाव कम हो रहा है
हमारी जनता में भी स्वतंत्रता दिवस के बाद बदलाव आ गया है
स्वार्थसिद्धि, भ्रष्टाचार, अनुशासनहीनता का सैलाब आ गया है
निःसंदेह विकास हुआ है देश का
संदेह के घेरे में नाश हुआ चरित्र का
शासन देश का दुशासन की तर्ज पर तो कुशासन हो गया
निष्कर्म, भ्रष्ट, दुराचारी लोगों का शासन पर कब्जा हो गया
संसद, विधानसभाओं में जूते-चप्पल चल जाए
ऐसे शासन का अनुसरण हमारा अनुशासन बन गया
सब चलता है कि अन्दाज में देश गर्क हो गया

चरित्र निर्माताओं का संदेश आज के बच्चों की
माताओं के गले में हार की तरह लटक गया
अब चरित्र और अनुशासन दुर्लभ पदार्थों की श्रेणी में आ गया
विश्वीकरण से शायद उत्पादन में वृद्धि होगी
दिशाहीनता के प्रकोप में उत्साह की परिणति संताप में होगी
अनुशासनहीनता के निशाने पर देश की पूरी व्यवस्था होगी
हतो उत्साह शब्द है उत्साह के नाश का
उत्साह और अनुशासन के अभाव में क्या होगा देश का
जी वही हो रहा है जो हम देख रहे हैं
जिसकी लाठी उसकी भैंस हो रही है
कब्जा करलो स्वामी बन जाओगे,
अगवा कर लो पति बन जाओगे,
सिफारिश लाओ सब कुछ हो जायेगा
केस कत्ल का शौच की तरह आसान हो जायेगा
ऐसा वातावरण बना है आज के पर्यावरण में
यह वातावरण और पर्यावरण क्या दो भाई हैं
या पति-पत्नि हैं जिनकी औलाद अब आई है
सिर पकड़ो या माथा ठोको या छाती पीटो उठ कर
आवाज उठाओ, सिर उठाओ, हाथ बढ़ाओ विचार कर
अपने आचरण में स्वच्छता लानी होगी
संसदीय शासन प्रणाली बदलनी होगी
योग्य व्यक्तियों की कार्यपालिका सीधे चुनाव से बनानी होगी
गुण्डों के जाल से स्वतंत्रता बचानी होगी
देश में स्वच्छ प्रशासन की व्यवस्था करनी होगी
तभी अनुशासन और उत्साह से नैया पार होगी

आप कौन हैं

गर पुछे कोई आप कौन हैं
जी अपना परिचय दीजिए क्यों मौन हैं
नाम दूसरों को बता देना जो अपनों ने दिया है
एक नाम से ही तो हमने जीवन को जोड़ दिया है
तुम्हें चाहने वाले तुम्हारे नाम को तोड़-मरोड़ भी देते हैं
तुम्हारे कर्म इसे प्रसिद्ध नाम या बदनाम भी कर देते हैं
सड़क पर चलते, कार में बैठे, खेल कूद करते हैं
जिंदगी का मजा लेते लोग सोचते हैं आप कौन हैं
आकाश की ओर देखते, प्रकृति का आनंद लेते हैं
सृष्टि की गोद में बैठे, सोचते हो आप कौन हैं
कठिन नहीं है जानना कि आप कौन हैं
प्रयत्न न करो तो अनभिज्ञ रहोगे आप कौन हैं
लोग जाने अंजाने अपनी मंशा बना लेते हैं
आप क्या करते हैं आपके आगे-पीछे कौन हैं
कभी प्रयास भी नहीं करते कि वह कौन है
कौन से कोण पर खड़ा है हमारा, दृष्टिकोण
कभी न जान पाओगे इस मायाजाल के पीछे कौन है
प्रयत्न करते रहो, प्रयत्न और भी होंगे जानो के आप कौन हैं
भाग्यवान समझो अगर स्वप्न में भी ये जान जाओ कि आप कौन हैं
संसार में धनवान और बुद्धिमान कौन हैं
इस समय और स्थिति के कारण कौन हैं
बड़े से बड़े, परे से परे, अनंतमाया कौन है
असीमित सोच के उपरांत अंत में यही प्रश्न होगा आप कौन हैं

गलती करते हो

पता भी नहीं चलता कि तूने क्या किया
परिणाम सामने आता है यह सब क्या हुआ
गलती कर बैठते हो अंजाने में तो भी अंजाम हुआ
सोचे विचारे अच्छे कर्मों के बाद भी परिणाम कुछ और हुआ
कभी छोटी सी भूल भी बन जाती है लोगों के दुआ
हमारे बाप की भूल से कोई बनती है अम्मा कोई बनती है बुआ
छोटी सी गलती का कभी पश्चाताप सारा जीवन हुआ
बहुत प्रयत्न करने पर भी उसमें फिर कभी न सुधार हुआ
धनुष से तीर छूट जाने पर, बात मुँह से निकल जाने पर
मामला कठिन हुआ
शरीर से प्राण छूट जाने पर, फिर कोई न जिंदा हुआ
गलती हमने की या किसी और से अफसाना हुआ
फिर भी उस दासतां से हमारा जीवन दो-चार हुआ
कुछ गलतियाँ छोटी हैं तो कुछ मोटी
वैसा लंगोटी का आकार हुआ
लंबी गलतियों से लंबी समस्याओं का जन्म हुआ
हमारे जीवन में हमारे इस देश में क्या क्या न हुआ
गलती क्या थी दोषी कौन था
वार्तालाप के बाद भी मतभेद बना हुआ
गलती मैं न मानूँ, गलती वो न माने
गलती का पुतला कौन हुआ

ईर्षा और द्वेष

ईर्षा और द्वेष से जलने वालो
कहीं ये न बन जाये तुम्हारा अफसाना
इस आग में जलते हो तो जलो
जल कर कहीं राख न हो जाना
जो साथ लेकर आये हो
उसे संभाल कर रखना या मौज उड़ाना
मुट्‌ठी बंद थी तुम्हारी पैदा होने पर
साथ न कुछ जायेगा खुले हाथ लौट जाना
ईर्षावश क्यों द्वेष फैलाते हो
इससे क्या लाभ कमाना
स्वास्थय हानि तो होती ही है
साथ में समाज में साख गंवाना
जो अपने पुरुषार्थ से, अपने भाग्य से
चाहते हैं अपनी स्थिति सुधारना
न करो किसी के रूप से, धन से, बुद्धि से
किसी प्रकार की अवधारणा
स्पर्धा ईर्षा का कारण नहीं इसे अच्छी तरह से समझना
अपने कार्य, उत्पाद और व्यवहार में गुणवत्ता
इन्हें साथ लेकर आगे चलते जाना
ईर्षा के प्राकृतिक प्रकोप में रोगी न बन जाना
निदान इससे पाना, प्रभु के गुण गाना
संसार में हर प्राणी हर मनुष्य भिन्न है

मानकर इस नियम को अपनी जिंदगी सजाना
ईर्षा, द्वेष की गर्मी को दूर ही रखना
कंम्बल प्रेम का ओढ़ लो
ईर्षा की आग में झुलस न जाना
ईर्षा और द्वेष से जलने वालों
कहीं ये न बन जाये तुम्हारा अफसाना
इस आग में जलते हो तो जलो
जलकर कहीं राख न हो जाना

क्या पक रहा है

बसंत ऋतु में धरती नींद से जागती है
सूर्य की आभा से फूलों की बहार बन जाती है
फूल सभी अतिसुंदर हैं प्यारी इनकी सुगंध
कुछ फूलों से फल लगते हैं, लगते अनेक कंद
पक जाने पर हर फल उस वृक्ष से गिर जाता है
वह फूल जो फल बना उसके मोह का अंत हो जाता है
कुछ फूल निष्फल भी रहते हैं
जैसे हम अपने कई प्रयासों में असफल रहते हैं
यह अब मान लो कि हर फूल की मंजिल फल नहीं है
फूल फूलते हैं बीज बनते हैं, हम समझते हैं कि मुरझा गये हैं
पक-सूख कर जब बेल से गिर जाते हैं
अपनी सुगंध फिर भी छोड़ते रहते हैं
कुछ इस तरह ही मानव जीवन भी चल रहा है
इसके चलते हमारे घरों में बहुत कुछ पक रहा हैं
ये पकवान स्वादिष्ट, पौष्टिक, आलौकिक भी होते हैं
दुर्भाग्य से दुष्टों ने शैतानी पकवान भी बना ड़ाले हैं
इसमें संलिप्त सदा औरों को कष्ट देते रहते हैं
इसलिए हम कहते हैं षड्यंत्र चल रहे हैं पक रहे हैं
हमारी आत्मा हमारी इच्छा सुंदर पकवानों की है
निरोग रहते, पूरा जीवन जीकर उस फल की तरह
पक कर, मोह भंग कर, उस शाख को विदा कहें
विदा होकर भी उन फूलों की तरह पीछे सुगंध छोड़ जायें

संगत चल रही है

एक अकेला दो का मेला
फिर आई वह बेला
जब वीर्य और अंडकोष की संगत से
दो प्राणियों की संगत से आपका जन्म हुआ
फूलों में भी नर और मादा से फलों का निर्माण हुआ
संगत चल रही है जीवन चल रहा है
संसार चल रहा है, कोई आ रहा है, कोई जा रहा है
कोई परिवार की संगत में जी रहा है
कोई मित्रों, संबंधीजनों की संगत में जी रहा है
कोई संतसंग में बैठा है कोई भोजन की पंक्त में बैठा है
कोई सहप्राणियों के संग भेड़ या गाय की तरह चर रहा है
कुछ पक्षी और पशु वन्य प्रणियों की संगत में
जी रहे हैं, आखेट कर रहे हैं, संगत चल रही है
समुद्र में भी संगत चल रही है, पूरे चराचर में चल रही है
अकेले में, एकांत में भी दिमाग में विचारों की संगत चल रही है
हमारे इस शरीर में सभी अंगों की संगत चल रही है
नब्ज ही बताएगी कि संगत कैसे चल रही है
कुसंगतियों की भी तो संगत चल रही है
प्रकृति में धरती पर पंच तत्वों की संगत चल रही है
पेड-पौधों, फल सब्जियों की संगत चल रही है
बाजार में विभिन्न वस्तुओं की संगत चल रही है
ब्रह्मांड की ओर देखो तारे-सितारों की संगत चल रही है

स्वर, गीत और ताल की संगत से
संगीत की ध्वनि आ रही है
जी हाँ संगत चल रही है
बिछुड़कर इस संगत से
हम कहीं और किसी और संगत में जाते होंगे
फिर आयेगी वह बेला जब जायेगा अकेला
शमशानघाट में फिर भी संगत चल रही होगी
तुम्हारे दाह-संस्कार में लकड़ी की संगत होगी
लकड़ी में भी पंचतत्वों की छुपी संगत होगी
लगता है उसके बाद भी संगत चल रही होगी
तुम्हारी याद में कुछ गप-शप चल रही होगी